はじめての受験から730点をめざせ！

TOEIC® TEST リスニング ベーシックマスター

Part1～4で確実に得点できる8つの基本戦略

TOEIC®TEST990点満点取得者
妻鳥千鶴子

TOEIC®TEST990点満点取得者
松井こずえ

Philip Griffin

Jリサーチ出版

TOEIC is a registered trademark of Educational Testing Service（ETS）.
This publication is not endorsed or approved by ETS.

はじめから
高得点をめざす人への
メッセージ

　本書の目標は、TOEICをはじめて受験する人が「必ず出題される基本的なポイント」と「730をマークするために絶対落としてはいけないポイント」の両方を確実にマスターできるようになることです。

　上記のポイントを効率良く学習できるように、TOEICを何度も受験し何度もスコア990をマークした日本人の著者2人とECC外語学院でTOEIC対策のテキストを作成しているネイティブの著者で、本書に収録されている1つ1つの問題すべて（例題・練習問題・模擬試験）を厳選しました。

　とにかく、TOEICのスコアをアップさせるためには「基本をしっかりと押さえる」ことが重要です。730をマークするために難しい問題を解いたり、あまり使われない表現を覚えたりする必要はないのですから。

　ただし基本と一口に言っても、何を基本と定義するかは人によって違います。「中学3年までに学習すること」と言う人もいれば、「大学入試レベルまでは必要だろう」と考える人もいるでしょう。大切なのは「基本＝必要最低限」としてどこまで必要か、ということなのです。

　本書ではこの基本を「TOEICに頻出」であり、かつ「730をマークするために落としてはいけない」ポイントとしました。つまりこの1冊でスコア730をマークするための「基本をしっかり押さえた学習」ができるようになっています。

　また解説では、限られた紙面内で極力わかりやすい説明を心がけてあります。正解のみでなく誤答の選択肢にも着目し、「なぜ間違いになるのか」の説明に力を入れました。1人で学習をしていると、自分の答えが間違っている理由がよくわからないままになってしまうことが多いの

ではないでしょうか。あるいは、正解した問題は解答の記号だけを確認して解説を読まない人もいますが、それでは効率的なスコアアップは望めません。

　TOEICの誤答の選択肢には出題者の意図が隠されています。だからこそ、その理由をしっかりと読み込むことで各PARTの傾向と対策が身につきます。すなわち、はじめて解く問題に対する応用力が備わるので、本試験での確実なスコアアップにつながるのです。

　さらに各解説の後には、スコア730を突破するための必須単語・イディオムが一覧にしてまとめてあります。ここでも、正解した問題だからといって素通りせずに、確実にチェックするようにしてください。語学力が伸びる人の共通点は、こういった地道な努力を惜しまずにできることなのです。

　本書に収録されている問題をすべて本番の試験のつもりで解いてから、しっかり解説を読み納得し、重要なポイントを覚えていけば、スコアは確実にアップします。ただし、１回問題を解いて、答え合わせをしただけ…というのでは、あなたの現時点でのスコアによってはあまり効果が期待できない場合もあります。

　そこでぜひ、9ページからご紹介していく、とっておきの学習法も取り入れて、この１冊をとことん使いこなしてください。あなたが、本書をきっかけにスコアアップし、さらに学習を深めて行かれますことを心から願っています。

著者一同　2008年9月

CONTENTS

はじめから高得点をめざす人へのメッセージ 002
本書の利用法 006
TOEICテストとは？ 007
テストの構成は？ 008
リスニング・セクション　おすすめトレーニング法 009

PART 1　写真描写問題

Unit 1　PART 1の基本戦略 015
　　　　　1 説明文が流れている間に写真に目を通しておく
　　　　　2 各写真のチェックしておくべきポイントはここ
　　スコアアップ POINT 015
　　例題①〜④ 017
　　練習問題：6題 025

PART 2　応答問題

Unit 2　PART 2の基本戦略 035
　　　　　1 最初の疑問詞をしっかり聞き取る
　　　　　2 主語・動詞（時制）注意して聞く
　　スコアアップ POINT 036
　　例題①〜④ 037
　　練習問題：6題 041
Unit 3　スコアアップ POINT 046
　　例題⑤〜⑧ 047
　　練習問題：6題 051
　　(コラム PART 1) 057
　　(コラム PART 2) 058

PART 3　会話問題

Unit 4　**PART 3の基本戦略** ……………………………… **061**
　　　　　1 必ず設問を先にチェックする
　　　　　2 余裕があれば選択肢もチェックする
　　　　　3 会話文を聞きながら設問順に解答していく
　　　スコアアップ ⚡POINT ……………………………… **062**
　　　例題① ……………………………………………………… **063**
　　　練習問題：3題 …………………………………………… **067**
Unit 5　**スコアアップ ⚡POINT** ……………………………… **078**
　　　例題② ……………………………………………………… **079**
　　　練習問題：3題 …………………………………………… **083**
　　　(コラム PART 3) ………………………………………… **094**

PART 4　説明文問題

Unit 6　**PART 4の基本戦略** ……………………………… **097**
　　　　　1 あらかじめ問題パターンと特徴的な語彙に慣れておく
　　　　　　①アナウンス／②メッセージ／③広告
　　　　　　④スピーチ／⑤ツアーガイド／⑥ニュース
　　　スコアアップ ⚡POINT ……………………………… **098**
　　　例題①〜③ ………………………………………………… **099**
　　　練習問題：1題 …………………………………………… **111**
　　　(コラム PART 4) ………………………………………… **115**
Unit 7　**スコアアップ ⚡POINT** ……………………………… **116**
　　　例題④〜⑥ ………………………………………………… **117**
　　　練習問題：1題 …………………………………………… **129**

模擬試験

問　　題 …………………………………………………………… **133**
正解と解説 ………………………………………………………… **149**
解答用紙 …………………………………………………………… **189**

本書の利用法

本書は、主にはじめてTOEICテストを受験する人が、リスニング・セクションの全貌を知り、4つのパート別に基本的な戦略・解法を身につけるために作成されています。全体は3部構成になっています。

1 TOEICテストについて知ろう！

TOEICテストとは、どんなテストなのか？ テストの構成、リスニング・セクションのパート別学習法などを簡潔に紹介します。まずリスニング・セクションの全体像を理解しましょう。

2 リスニング・セクションの基本的な戦略・解法をマスターしよう！

リスニング・セクションを全7Unitに分け、基本的な出題パターンを「例題＆練習問題」の形式で学んでいきます。まずは各Unitの基本戦略とスコアアップ POINT をよく読んでから、例題を解いてみましょう。例題を終えたら次は練習問題に挑戦です。この「例題＆練習問題」を解くことで、問題に慣れると同時にTOEICテストを攻略するための基礎力が身につきます。

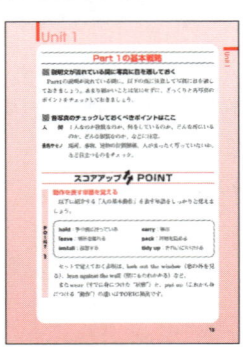 

数字はCDのトラック番号を示します。

3 模擬試験に挑戦しよう！

学習の仕上げに模擬試験にトライしましょう。本試験のハーフサイズ、全50問で構成されています。間違った設問はもちろん、正解だったものも確実に身につけるために「基本戦略とスコアアップ POINT」へ戻って、しっかり復習しておきましょう。

※解説では、問題の難易度を★（470レベル）、★★（600レベル）、★★★（730レベル）の3段階で表示してあります。
※解説に、アメリカ米・イギリス英・オーストラリア豪・カナダカの発音を表示。
※重要なボキャブラリーは各問題の最後にリストアップしてあります。

TOEICⓇテストとは？

　TOEIC（Test of English for International Communication）は米国の非営利組織ETS（Educational Testing Service）が開発・制作するテストで、現在約90カ国で実施されています。

🔲 結果はスコアで

　英語によるコミュニケーション能力を評価することを目的にしており、合否判定ではなく、スコアによってテスト結果を評価します。スコアはリスニング5〜495点、リーディング5〜495点、トータル10〜990点の、5点きざみです。

🔲 英語だけのテスト

　TOEICは、指示文も問題もすべて英語によって行われます。すべての問題が、選択肢より正解を選ぶ形式の客観テストで、解答はマークシートに記入する方式です。問題数はリスニング100問、リーディング100問、計200問で構成されています。解答時間は120分で、うちリスニングが約45分を占めます。なお、リスニング・セクションは、試験会場で流される音声にしたがって進行します。

🔲 ビジネスパーソンの英語力の基準

　TOEICはその内容が身近な内容からビジネスまで幅広く、会社員・公務員、就職を控えた学生が数多く受験します。公開テストのほか、IP（Institutional Program）と呼ばれる団体特別受験制度があり、企業や学校単位でも実施されています。日本における公開テストとIPを合わせた受験者数は年間163万5千人を超え、いまやビジネスパーソンの英語力を表す基準になっていると言えます。

　2007年度、公開テストの平均スコアは579点（リスニング：315点、リーディング：264点）で、2008年度の新入社員の平均スコアは456点（リスニング：250点、リーディング：206点）です。

※資料提供：（財）国際ビジネスコミュニケーション協会

公式ホームページ ▶ http://www.toeic.or.jp
◉インターネットからも受験申込ができます。

"TOEIC is a registered trademark of Educational Testing Service (ETS). This publication is not endorsed or approved by ETS."

テストの構成は？

　TOEICはリスニング・セクションとリーディング・セクションで構成されています。それぞれ100問ずつで、解答時間はリスニング約45分、リーディング75分となっています。設問は選択形式で、PART 2が3択である以外は、すべて4択です。
　TOEICの問題形式は毎回同じです。難易度は統計的に調整されているので、実力が同じであれば、いつ受験しても同様のスコアが出るようになっています。

■TOEICの7つのパート

リスニング・セクション　　約**45**分

PART 1
写真描写問題（Photos）▶ 10問
写真を見て、最も適切な描写を4つの選択肢から選ぶ。
1問の解答時間：5秒

PART 2
応答問題（Question-Response）▶ 30問
流れてくる質問に対して、最適の応答を3つの選択肢から選ぶ。応答の選択肢も音声で流れ、テスト用紙には印刷されていない。
1問の解答時間：5秒

PART 3
会話問題（Short Conversations）▶ 30問
流れてくる会話に対して、3つの設問に答える。設問はすべて4肢択一。設問・選択肢はテスト用紙に印刷されている。設問は音声でも流れる。
1問の解答時間：8秒

PART 4
説明文問題（Short Talks）▶ 30問
流れてくるアナウンス・スピーチに対して、3つの設問に答える。設問はすべて4肢択一。設問・選択肢はテスト用紙に印刷されている。設問は音声でも流れる。
1問の解答時間：8秒

リーディング・セクション　　**75**分

PART 5
短文空所補充問題（Incomplete Sentences）▶ 40問
1つの文の空所に入るのに最も適切な語句を4つの選択肢から選ぶ。　**時間配分 1問：30秒**

PART 6
長文空所補充問題（Cloze Passages）▶ 12問
長文につくられた空所に最も適切な語句を4つの選択肢から選ぶ。長文は4つあり、それぞれ3つの設問が付属している。
時間配分 1問：30秒

PART 7
長文読解問題（Reading Comprehension）▶ 48問
13個の長文を読んで、付属する設問に解答する。設問はすべて4肢択一。このうち4つの問題文はダブルパッセージで、2つの文章で構成される。ダブルパッセージの問題文には5つの設問がある。
時間配分 シングルパッセージ（設問2〜5個）：2〜5分
**　　　　　ダブルパッセージ（設問5個）5分**

リスニング・セクション
おすすめ トレーニング法

ここでご紹介するトレーニングの手法は、全部の問題を解いて答え合わせを済ませてから実行していただくためのものです。きちんと実行すれば本書を100％どころか200％使い切ることになり、スコアアップはもちろんのこと、英語の実力自体も大きくアップしていること間違いなしです。

PART 1
苦手な音を知るためのディクテーション

　730以上をマークするためには、全問正解しておきたいのがPART 1です。そこで役立つトレーニング、それが「ディクテーション」です。
　ディクテーションとは「聞いた英語を書き取る作業」のことです。例えば、本書のPART 1の例題や練習問題を解いた後、再度CDをかけて(A)から(D)の4文全部を書き取るのです。
　最初はtheやaが抜けていたり、正しくはcarsなのにcarだけしか書けなかったとしても全然問題ありません。また1文を書き取るのに、何回CDをかけ直してもOKです。
　ディクテーションの効果は、書き取りをして文字と音を照らし合わせることによって「自分が苦手な音」が明確になることです。トレーニングの際に、その苦手な音を意識しながら繰り返し聞くことによって、次第に耳が慣れ、聞き取れるようになっていきます。

　ディクテーションは「聞いたものを書き取る」という負荷が高い作業だけにその効果も大きいのです。PART 1は1文が短いので、ぜひトライしてみてください。1日1問、つまり4文をディクテーションすることから始めてみましょう。本書のPART 1を全部ディクテーションすれば、本試験のPART 1も全問正解できるようになっているでしょう。

PART 2
1石4鳥の「なりきり英会話練習」

　本書の中でも強調されていますが、PART 2では、まずは前半をしっかり聞き取れるようになることが目標です。相手の発言内容のポイントだけをつかみ、それに対する応答を選ぶ問題ですから、細かい部分に気を取られすぎないことが大切です。

　まずは答え合わせをした際に「なぜこの解答が正解なのか」あるいは「なぜこの解答ではだめなのか」というように疑問に思う部分もあるかと思います。5問中3問以上に対してそのような疑問が出る場合は、再度「ポイントをつかみ、そのポイントに対して応答する」という点に着目してください。本書では、誤答はどういう場合なら正解になるか、という説明もしてありますので、ぜひ参考にして英語による会話に慣れてください。

　解説を読んで納得できたら、会話の練習に使ってみましょう。CDをかけて質問文が流れたら、そこでCDを止めて自分で答えを言ってみるのです。必ずしも正解と一致する必要はありません。例えば「Do you like coffee?」という質問に対し、正解例は「Yes, I do.」でも、あなたの答えは「No, I don't.」のようにまったく逆になることもあるでしょう。ぜひネイティブ・スピーカーと英会話をしているつもりになって楽しんでください。

　自分の答えを言ってから、再度CDをかけ、3つの応答文を聞き、Oh, this is the right answer.（あ、これが正解だ）なんていう独り言を言いながら練習するのもよいでしょう。
　①TOEICのスコアがアップするだけでなく、②英会話の練習もでき、③当然表現も覚え、④発音もきれいになる、という楽しくて効果抜群のトレーニング、それがこの「なりきり英会話練習」です。

PART 3
「音読＆シャドーイング」で自然に英語が口から飛び出す

　PART 3も、PART 2のように「なりきり英会話練習」にもってこいです。ただしPART 3は会話文なので、PART 2と比べれば1文も1人分の発話量もぐっと長くなります。

　英会話の練習をしたいのだが、なかなかスッと英文が出ない、あるいは覚えられないのでやる気になれない、そんな人もいるかもしれません。そのように感じている場合は、まずは男性役か女性役になりきって「スクリプトを読むこと」から始めましょう。

　必ずCDをかけて、発音やイントネーション（抑揚）などにも注意して一緒に読む「音読」をしていきましょう。CDの音声に遅れることなく同じ速度でスラスラと読むことができるようになれば、それは、すでにある程度の英語力が身についてきた証拠です。最初は遅れたり、つまったりしてもかまいません。何度もかけ直して練習しましょう。

　上手にスラスラと音読ができるようになったら、今度はスクリプトを見ないで、CDの音声を（影のようになって）追いかけながら発音していく「シャドーイング」にトライしてみましょう。このシャドーイングがスラスラできるようになれば、その例文は完全にマスターしたと言ってよいでしょう。

　必死になって「暗記しよう！」としなくても、自然に英語が口から出やすくなる点が「音読」や「シャドーイング」の良い点です。

　著者はよく生徒さん達に「覚えたい英文や単語、表現などは10回声に出して読めば覚えられますよ」と話します。10回で覚えられなければ「年齢の数」、それでもダメなら「100回」。これならどんな英文でも覚えられるでしょう？　声に出すことで脳が刺激され、記憶に定着しやすくなるのです。ですから、大いに声に出して練習しましょう。

PART 4
リーディングやライティングの力を同時に伸ばす

　PART 4の場合は、問題を解いて正解をチェックした後に、再度リーディング問題として挑戦してみる方法が有効です。当然のことながら、読んでわからないことは聞いてもわかるはずがありません。逆に言えば、リーディング力が伸びればリスニング力も伸びやすくなるわけです。特に短期間にリスニング力を伸ばしたい場合は、単語や表現を覚えつつ、英文を大量に読むと効果があります。

　リーディング問題としてトライする場合は3分程度にタイマーをセットし、時間内で素早く解くようにしましょう。読んでも解けない問題は、解説や訳をしっかりと参考にして理解することが大切です。また、音読をすることによって理解が深まりますので、ぜひ学習に取り入れてください。

　もう少し頑張りたいとお考えの人には、日本語訳を見て英語を書いてみることをお勧めします。短い文なら口で言うだけでもいいですが、書いてみると、しっかりわかっている部分とあいまいな部分が確実にチェックできるし、さらに記憶に残りやすくなります。日本語訳を見て、問題文に使われている英語を自分で言ったり、書いたりできるようになれば、あなたの英語力は全体に大きくレベルアップしていること間違いありません。

　上記のトレーニングができるようになると、TOEICのスコアがアップするだけでなく、英語力の向上が実感できるので勉強のモチベーションもさらに高まることでしょう。TOEICに使われている英語表現は丁寧かつシンプルなので、私たち大人の外国人が使うのに適したものばかりです。

　自分でもTOEICの英語を使うことを意識して勉強すれば、あなた自身の英語学習に大きな利益をもたらしてくれることでしょう。

　さあ、一緒にGo for it!

PART 1
写真描写問題

PART 1の「写真描写問題」は全10問で構成されています。テスト用紙には写真のみが印刷されていて、選択肢はすべて音声で流れます。最も適切な描写を4つの選択肢から選ぶ形式です。

<1問の解答時間 5秒>

Unit 1
PART 1の基本戦略 ……………… 015
スコアアップ POINT ………… 015
例題①〜④ …………………… 017
練習問題：6題 ……………… 025

PART 1が始まる前の指示文の内容

事前に指示文の内容を覚えておけば、受験時に読んだり聞いたりする必要はないので、限られた試験時間を有効に使うことができます。指示文が流れている間に写真を一通りチェックしておきましょう。

PART 1

Directions: For each question in this part, you will hear four statements about a picture in your test book. When you hear the statements, you must select the one statement that best describes what you see in the picture. Then find the number of the question on your answer sheet and mark your answer. The statements will not be printed in your test book and will be spoken only one time.

〈訳〉
このパートでは、問題用紙にある１枚の写真について４つの短い説明文を聞きます。聞きながら写真について最も適切に表現している１つの説明文を選び、解答用紙にマークしてください。説明文は問題用紙には印刷されておらず、１度だけ読まれます。

Unit 1

PART 1の基本戦略

1 説明文が流れている間に写真に目を通しておく

PART 1の説明が流れている間に、以下の点に注意して写真に目を通しておきましょう。あまり細かいことは気にせずに、ざっくりと各写真のポイントをチェックしておきましょう。

2 各写真のチェックしておくべきポイントはここ

- **人　　間**　1人なのか複数なのか、何をしているのか、どんな所にいるのか、どんな服装なのか、などに注意。
- **景色やモノ**　場所、事物、建物の位置関係、人がまったく写っていないかなど、目立つものをチェック。

スコアアップ POINT

POINT 1　動作を表す単語を覚える

以下に紹介する「人の基本動作」を表す単語をしっかりと覚えましょう。

hold：手や腕に持っている	**carry**：運ぶ
leave：場所を離れる	**pack**：荷物を詰める
install：設置する	**tidy up**：きれいに片付ける

セットで覚えておく表現は、look out the window（窓の外を見る）、lean against the wall（壁にもたれかかる）など。

またwear（すでに身につけた"状態"）と、put on（これから身につける"動作"）の違いはTOEIC頻出です。

POINT 2 発音が似ている単語に注意する

下記の単語は発音が似ているので、引っかけ問題としてよく出題されますから要注意です。

> **mop**：モップ ⇔ **map**：地図　　**fold**：たたむ ⇔ **hold**：持つ
> **work**：働く ⇔ **walk**：歩く
> **curb**：歩道の縁石 ⇔ **curve**：カーブ・曲線

POINT 3 現在形・現在進行形・受動態の現在進行形をマスターする

現　在　形：**The house overlooks the sea.**
　　　　　　（その家は海を見下ろしている）
現在進行形：**The woman is using the telephone.**
　　　　　　（その女性は電話を使っている）
受動態の進行形：**The room is being used.**
　　　　　　　（その部屋は使用中だ）

など、これら3つの形はしっかり覚え、自分でもきちんと使い分けできるようにしておきましょう。

POINT 4 基本的な前置詞の役割をマスターする

写真に写っている人・モノの位置関係を表す前置詞をしっかり覚えましょう。（詳細はp.57のコラムにて）

> **on**：表面に接して上に　　　　**under**：下に
> **behind**：後ろに　　　　　　　**between**：間に
> **by = next to**：側に

PART 1

例題① 人が1人の写真

攻略ポイント
写真に大きく写っている女性の行為に注目する

正解：(C) ★★ カ

写真中央に写っている女性が右手でグラスを持っているのがはっきりとわかる。よって正解は(C) The woman is holding a glass.

(A)のfoldは「（紙や布など）を折りたたむ」の意で、正解(C)のholdと間違えないように注意しよう。fとhはしっかり聞き分けて、自分でも区別して発音できることが重要。

(B)は「女性は（食事が終わり）食卓を離れる」という意味で、写真からはっきり判断できないことについて述べているので誤答となる。

(D)はtidy up（整理する）という表現が出ているが、女性は、後ろにあるshelf（棚）に向かって何かをしているわけではないので、写真の説明としては不適切である。

スクリプト
- (A) The woman is folding napkins.
- (B) The woman is leaving the table.
- ◯ (C) The woman is holding a glass.
- (D) The woman is tidying up the shelf.

スクリプトの訳
- (A) 女性がナプキンをたたんでいる。
- (B) 女性がテーブルを離れるところだ。
- ◯ (C) 女性がグラスを手に持っている。
- (D) 女性が棚を整理している。

☐ fold napkins　ナプキンをたたむ
☐ leave the table　（食事が終わって）席を立つ
☐ hold a glass　グラスを手に持つ
☐ tidy up　整理する；きれいに片付ける

PART 1

Unit 1

例題② 少数の人が写っている写真

攻略ポイント
「全員の共通点」あるいは「中心となる人物の行為」に注目する。

Ⓐ Ⓑ Ⓒ Ⓓ

正解：(D) 豪

女性2名と男性1名が丸テーブル（round table）の周りに座り、こちらを向いて笑っている写真なので、(D)が正解。

人が数名のときは、どの人について述べているのか、あるいは全員の共通点は何なのか、などがポイントとなる。

(A)ではwaiter（ウェイター；接客係）という単語が聞こえるが、写真にウェイターは写っていない。レストランで食事をしている雰囲気の写真ではwaiterやorderという単語を使われる場合が多いが、引っかからないようにしよう。PART 1では、写真にない単語は誤答となる。

(B)のstudyには「じっくり見る」という意味があるのを覚えておこう。

(C)は皿が積み重ねてある様子（be piled up）を表現しているが、写真に写っている皿に積み重ねられたものはない。

スクリプト
- (A) The waiter is taking an order.
- (B) The woman is studying the wine list.
- (C) The plates are piled up on the table.
- ○ (D) They are sitting around a round table.

スクリプトの訳
- (A) ウェイターが注文を取っている。
- (B) 女性はワインリストをじっくり見ている。
- (C) テーブルの上には皿が重ねられている。
- ○ (D) 彼らは丸テーブルの周りに座っている。

☐ take an order　注文を取る
☐ study　動 ～をじっくり見る
☐ plate　名 皿；プレート
☐ pile up　～を積み重ねる
☐ round　形 丸い；円形の

PART 1

例題③ 多数の人が写っている写真

攻略ポイント
写真中央の化石も出題ポイントだが、この写真では大多数の人の行為に注目する。

Ⓐ　Ⓑ　Ⓒ　Ⓓ

正解：(A) ★★ 英

博物館に大きな恐竜の化石が展示されているが、今回注目すべき点はここではない。写真には多数の人が写っており、その共通の行為は「人々が歩いている＝people are walking」ということ。向こうへ歩いている人もいれば、こちらへ歩いている人もいるし、左手に向かって歩いている人もいる写真なので(A)が正解。

(B)ではmuseum（博物館）という単語が聞こえるが、閉館しているわけではないので誤答になる。

(C)はEveryone is lookingが聞こえると、博物館では「皆が展示物を見ている」ことから正解と思うかもしれないが、その後にthe same exhibitとあることに注意。皆が同じ展示物を見ているわけではないので誤答になる。

(D)も写真中央にあるdinosaur bonesに引っかからないように注意が必要だ。展示物は修理中のようには見えない。

スクリプト

○ (A) People are walking in different directions.
  (B) The museum is closed today.
  (C) Everyone is looking at the same exhibit.
  (D) The dinosaur bones are being repaired.

スクリプトの訳

○ (A) 人々は違う方向に歩いている。
  (B) 本日、博物館は閉館している。
  (C) 皆が同じ展示物を見ている。
  (D) 恐竜の骨は修理中だ。

- □ direction　名 方向；指示
- □ museum　名 博物館
- □ exhibit　名 展示（物）
  ※exhibitionも同じように使われる。
- □ dinosaur　名 恐竜
- □ repair　動 〜を修理する

PART 1

例題④ モノの写真

攻略ポイント
大きく目立つモノの位置関係に注目。この写真なら「ベッド」「たんす」「ランプ」の3カ所が出題ポイント。

正解：(C) ★★★ 米

この写真ではベッドが2つあり、その間にスタンドが置かれた白いchest of drawers（引き出しのあるたんす）が目につく。よって(C)が正解となる。**under、on、betweenなど基本的な前置詞**の役割をしっかり覚えておくことが重要だ。

(A)は、テーブルの下にいくつかのpictureがあると言っているが、写真にテーブルは写っていないので誤答と判断できる。

(B)は、確かに壁に写真が飾られているが、水平には並んでいないので誤答。horizontally alignedは少し難しい表現だが覚えておきたい。

(D)はbaggage（手荷物）が写真のどこにもないことから誤答と判断できる。さらに、写真に写っている照明器具はtable lampであってlight fixture（据付けの照明器具）ではないことにも注意。

> スクリプト
> (A) There are several pictures under the table.
> (B) The pictures on the wall are horizontally aligned.
> ○ (C) The chest of drawers is between the beds.
> (D) There is a light fixture next to the baggage.
>
> スクリプトの訳
> (A) テーブルの下に写真がいくつかある。
> (B) 壁の写真は水平に並んでいる。
> ○ (C) ベッドの間に整理たんすがある。
> (D) 手荷物の横に照明器具がある。

□ **horizontally aligned**　水平に並んだ
□ **chest of drawers**　（引き出しのある）たんす
□ **light fixture**　（据付けの）照明器具

PART 1

練習問題 ~

①

Ⓐ Ⓑ Ⓒ Ⓓ

②

Ⓐ Ⓑ Ⓒ Ⓓ

練習問題

③

④

PART 1

⑤

⑥

練習問題　正解と解説

①正解：(D) ★　カ　　CD-06

3人がテーブルの向こう側（end of the table）でポーズを取っているので、正解は(D)。
(A)はlean over（～に「覆いかぶさるように」身を乗り出す、もたれかかる）ではないので誤答。また、写真に写っているのはtableでdeskではない。(B)はnone of ...で「誰も（何も）～ない」と否定になるので注意しよう。(C)は、確かに大きな窓はあるが「誰も窓の外を見ていない」ので誤答。

スクリプト
(A) They are leaning over the desk.
(B) None of them are standing at the table.
(C) One of the women is looking out the window.
○ (D) They are posing at the end of the table.

スクリプトの訳
(A) 彼らは机の上に身を乗り出している。
(B) 彼らのうち誰もテーブルのところに立っていない。
(C) 女性の1人が窓の外を見ている。
○ (D) 彼らはテーブルの端でポーズを取っている。

☐ **lean over**　～にかぶさるようにもたれる
☐ **none of**　誰も（何も）～ない
☐ **look out the window**　窓の外を見る

②正解：(A) ★　英　　CD-07

水面に数艘のボートが浮かんでいるので、正解は(A)。
(B)のwaterは動詞で、water the plantsは「植物に水をやる」という意味。(C)で使われている動詞sink（沈む）はfloatの反意語。(D)は、There are no ...（～がない）と言っているが、noを聞き逃すと正解と間違えやすい。no、notなどの否定語をしっかりと聞き取ろう。

PART 1

(スクリプト)
○ (A) The boats are floating on the water.
　(B) They are watering the plants.
　(C) All the fishing boats are sinking.
　(D) There are no boats on the river.
(スクリプトの訳)
○ (A) ボートは水面に浮いている。
　(B) 彼らは植木に水をやっている。
　(C) 釣り船が全部沈みつつある。
　(D) 川にはボートはない。

□ float　動 浮かぶ；浮く　　□ water　動 水をやる
□ plant　名 植物　　　　　　□ sink　動 沈む

③正解：(B) ★★ 米　　　　　　　　　　　　　CD-08

1人の男性が列車に乗っている写真なので正解は(B)。
carには「車」以外にも電車の「車両」という意味があることも知っていただろうか。(A)は、最後の男性が車あるいは車両から離れたという意味。(C)は、写真の男性は乗客として乗っており、列車の運転をしているわけではない。drive a train（列車を運転する）という表現は覚えておこう。(D)の英文からは「ドアが開いていて、男性の片足がプラットフォーム、片足が電車に入っている」、そんな状況を思い浮かべることができればOK。

(スクリプト)
　(A) The last man has left the car.
○ (B) He is the only person in the car.
　(C) One man is driving the train.
　(D) A man is getting on the train.
(スクリプトの訳)
　(A) 最後の1人が車両から去った。
○ (B) 彼は車両にいる唯一の人である。
　(C) 1人の男性が列車を運転している。

練習問題 正解と解説

(D) 男性が列車に乗り込んでいる。

□ last 形 最後の　　　　　　　　□ car 名 車両

---

④ 正解：(C) ★★ 豪　　　　　　　　　　　CD-09

道の両側には木が並んでいるので(C)が正解。
(A)のcoastは「海岸沿い」の意味。(B)はbusy with people（人が多い；にぎわって）とあるが、数人しかいないので誤答。選択肢に出てくるpathway、trail以外に「(小) 道」の意味を持つ単語は、path、trackなどがあるので、まとめて覚えておこう。

スクリプト
(A) They are walking along the coast.
(B) The street is busy with people.
○ (C) The pathway is lined with trees.
(D) They are jogging down the trail.

スクリプトの訳
(A) 彼らは海岸沿いを歩いている。
(B) 通りは人でにぎわっている。
○ (C) 道に沿って木が植えられている。
(D) 彼らは小道をジョギングしている。

□ walk along　～に沿って歩く
□ busy with people　人が多い；にぎわって
□ pathway 名 小道；細道　　　　□ be lined with　～が立ち並ぶ
□ trail 名 (森林・山などの) 小道；道

---

⑤ 正解：(D) ★★ 英　　　　　　　　　　　CD-10

4人が器を両手に持って座っている写真なので正解は(D)。小さく写っているものは具体的な名称ではなくsomethingと表現されることが多いのを覚えておこう。
また、(A)に出てくる表現、hold hands（手をつなぐ）、(B)のwith one's

arms crossed（腕組みをして）、(C)のrest one's chin on one's hand（ほおづえをつく）はどれもPART 1頻出であり、日常でもよく使う表現なのでぜひ覚えよう。

(スクリプト)
(A) They are holding hands with each other.
(B) They are sitting with their arms crossed.
(C) They are resting their chins on their hands.
○ (D) They are holding something in their hands.

(スクリプトの訳)
(A) 彼らは手をつないでいる。
(B) 彼らは腕組みをして座っている。
(C) 彼らはほおづえをついている。
○ (D) 彼らは手に何かを持っている。

□ hold hands　手をつなぐ　　　□ with each other　互いに
□ with one's arms crossed　腕組みをして
□ rest one's chin on one's hand　ほおづえをつく

---

⑥ 正解：(A)　★★　カ　　　　　　　　　　　　　CD-11

家の前にある道に車が止まっているので、正解は(A)。in front of ...（〜の前に；正面に）は重要表現なので覚えておこう。

(B)は2軒の家の形ははっきりとはわからないが色が明らかに違うことからも、identical（まったく同じ）とはいえない。(C)は、確かにtree（木）が写っているがbushes（低木の茂み）はない、さらにaroundも適切とはいえないので誤答。(D)は、木の後ろにあるのは「普通の家」であってbarn（納屋）ではない。

このように車が駐車してある写真では、「車が歩道の縁石に止まっている」という意味で、A car is parked at the curb.という英文が出題されることも多いので、ぜひ覚えておきたい。curve（曲線）とcurb（縁石）は発音と意味をしっかり区別すべき要注意単語である。

練習問題 正解と解説

スクリプト

○ (A) A car is parked in front of the house.
　(B) The houses are identical.
　(C) There are bushes around the cars.
　(D) There is a barn behind the trees.

スクリプトの訳

○ (A) 車が家の前に止まっている。
　(B) 家々はまったく同じである。
　(C) 車の周囲に低木の茂みがある。
　(D) 木の後ろに納屋がある。

□ in front of　〜の前に
□ bush　名低木の茂み
□ identical　形同一の；そっくりの
□ barn　名納屋

PART 2
応答問題

PART 2の「応答問題」は全30問で構成されています。テスト用紙には指示文（Directions）のみが印刷されていて、「質問」も「応答の選択肢」も音声で流れてくるスタイルです。TOEICではこのパートのみが3肢択一の形式になっています。

＜1問の解答時間　**5秒**＞

Unit 2
PART 2の基本戦略	035
スコアアップ ⚡ POINT	036
例題①〜④	037
練習問題：6題	041

Unit 3
スコアアップ ⚡ POINT	046
例題⑤〜⑧	047
練習問題：6題	051

PART 2が始まる前の指示文の内容

PART 2には設問・選択肢が印刷されていないので、先読みなどのチェックをすることができません。指示文が流れている間にPART 3の設問・選択肢をチェックすることもできますが、PART 2に集中できなくなるので、あまりお勧めできません。指示文を聞きながら集中力を高めて最初の問題に備えましょう。

PART 2

Directions: You will hear a question or statement and three responses spoken in English. They will be spoken only one time and will not be printed in your test book. Select the best response to the question or statement and mark the letter (A), (B), or (C) on your answer sheet.

〈訳〉
英語の質問文または平叙文とそれに対する3つの応答を聞きます。問題用紙には印刷されておらず、1度だけ読まれます。質問文または平叙文に対する最も適切な応答を選び、解答用紙の(A)、(B)または(C)にマークしてください。

Unit 2

PART 2

PART 2の基本戦略

1 最初の疑問詞をしっかり聞き取る

　PART 2の問題は、約半数が（Whoなどの）疑問詞で始まります。

　このタイプの問題は、最初に疑問詞をしっかり聞き取ることができれば、全文を聞き取れなくても、正答にたどり着くこともできます。逆に言うと、疑問詞を聞き逃してしまうと、正解を導き出すことは非常に難しくなるので注意が必要です。

　最初に疑問詞が聞こえたら、何が問われているのかが瞬時に浮かぶよう、繰り返し練習しておくことが大切です。

疑問詞の種類と「問われている内容」

- **Who**　→誰か？
- **When**　→いつか？
- **Which**　→どれか？
- **How**　→どのように？
- **What**　→何か？
- **Where**　→どこか？
- **Why**　→なぜか？

---

2 主語・動詞（時制）に注意して聞く

　質問を聞くときに「主語」と「動詞の時制」もしっかり聞き取ることが重要です。選択肢を聞いて、質問に合った主語、動詞の時制を選ばなくてはいけないからです。

　例えば「時制」なら、Will Ms. Workman attend the meeting?（ワークマンさんは、その会議に出席しますか？）と未来のことを質問している場合、Yes, she did.（はい、彼女はしました「過去形」）やNo, she hasn't come yet.（いえ、まだ彼女は来ていません「現在完了形」）は応答としては不適切となるわけです。

スコアアップ POINT

POINT 1

質問と同じ単語を使った応答は引っかけ

例えば質問でorderと出てきて、応答にもorderが出ていれば、その選択肢は引っかけである可能性が高くなります。よくわからない問題では、同じ単語を使った応答は正解候補から削除したほうがいいでしょう。

POINT 2

疑問詞で始まる質問文にはYes/Noでは答えられない

Who、What、When、Where、Which、Why、Howで始まる文に対して、Yes/Noで答えている選択肢は誤答です。Do you、Are you、Will you、Can you、Have youなどで始まる質問ならYes/Noで答えることができます（ただし、Yes/Noで答えない応答が正解であることがよくあります）。

POINT 3

Whyの質問に対する応答は、Becauseが省略されている

Whyで始まる質問だからといって、選択肢でBecause …と返事をする選択肢はあまり出てきません。「何の理由を尋ねているか？」をしっかりと内容を聞き取り、「その理由」となっている選択肢を選びましょう。

POINT 4

見かけは普通の疑問文でも、Yes/Noを使った応答にはならない場合がある

Do you know …?やCould you tell me …?の形の疑問文には注意が必要です。例えば、Do you know when he will come?（彼は何時に来るか、知っていますか）という質問に対して単純に「知っているかどうか（Yes, I doなど）」を答えるのではなく、Around five o'clock.（5時ごろです）という返事をする場合などもよくあります。

PART 2

> **例題①** 質問と同じ単語を使った応答は引っかけ　CD 12
>
> Mark your answer on your answer sheet.　Ⓐ Ⓑ Ⓒ

疑問詞Whoで始まっているので、「誰か＝人」を答えればよい。選択肢で「人」を答えているものは(C)だけ。

「誰がpick up（車で拾う）するのか？」という最初の部分だけを聞き取ることができれば、後半のthe director at the airportの部分は聞こえなくても十分解答できる問題だ。

つまり、この問題は最初のWhoさえ聞き取れば正解できるし、逆に最初を聞き逃すときびしい問題となる。PART 2はこの手の問題も多く、最初をしっかり聞き取ることが本当に重要なのを再認識してほしい。

(A)は「場所」を聞かれたときの応答。質問文と同じat the airportを使った引っかけに注意したい。

(B)は「何時の便か？」を聞かれた場合の応答である。

スクリプト

Who is going to pick up the director at the airport?
(A) At the airport counter.
(B) On the 9:30 flight.
〇 (C) Mr. Sanchez, I think.

スクリプトの訳

誰が空港へディレクターを車で迎えに行くのですか。
(A) 空港のカウンターで。
(B) 9時半の便で。
〇 (C) サンチェスさんだと思います。

□ pick up　～（人）を車で拾う；車で迎えに行く

正解：(C)　★　米 → 豪

例題② 疑問詞で始まる質問文にはYes/Noでは答えられない　CD 13

Mark your answer on your answer sheet.　Ⓐ　Ⓑ　Ⓒ

疑問詞How long ...? は直訳すれば「～はどれくらいの長さか？」という疑問文になり、具体的には、①何かをするために「かかる時間」、②「モノの長さ」の２種類を尋ねる場合に使われる。

ここでは、How long will it take to ...（～するのにどれくらい時間がかかりますか？）と続くので「時間」を尋ねているとわかる。この問題も、ここまでをしっかり聞き取れば解答できるタイプである。正解はby the end of the dayを使い「今日の終わりまで（かかる）」と言っている(A)。

(B)は、two metersと「長さ」を答えた引っかけ。

(C)は、質問と同じ単語contractを使っているが、質問内容とは関係がない。疑問詞Howに対してNoで答えていることにも要注意。

(スクリプト)
How long will it take to draw up the contract?
○ (A) It'll be ready by the end of the day.
　(B) I've heard it's about two meters.
　(C) No, I put the contract draft in the file.

(スクリプトの訳)
　その契約書を作成するのにどのくらいかかりますか。
○ (A) 今日中にできあがります。
　(B) 約２メートルだそうです。
　(C) いいえ、契約書草案をそのファイルに入れました。

□ draw up　（文書など）～を作成する
□ by the end of the day　今日中に
□ contract draft　契約書草案

正解：(A)　★★　英 → 米

PART 2

例題③ Whyの質問に対する応答は、becauseが省略されている

CD 14

Mark your answer on your answer sheet.　Ⓐ Ⓑ Ⓒ

質問はWhyで始まり、「なぜグリーンさんは早退したのか？」と理由を尋ねている。英語の勉強を始めて間もない場合は、Why did Mr. Green ... まででかまわないので、最初をしっかり聞き取ることが大切だ。
理由となり得る応答は「医者の予約があった」と答えている(A)のみ。
(B)は、whyという疑問詞で始まる質問文に対し、原則としてYes/Noで答えることはないので誤答と即断できる。
(C)はAt about fiveと「時間」で答えているが、これは時間を尋ねるWhenやWhat timeなどで始まる質問に対する応答である。

スクリプト
Why did Mr. Green leave work early today?
○ (A) He had a doctor's appointment.
　(B) No, he is working on the project.
　(C) At about five in the afternoon.

スクリプトの訳
なぜグリーンさんは、今日は早退したのですか。
○ (A) 医者の予約があったからです。
　(B) いいえ、彼はそのプロジェクトに取り組んでいます。
　(C) 午後5時ぐらいに。

□ **have a doctor's appointment**　医者の予約がある
　(= have an appointment with one's doctor)　※have an appointment　予約がある。
□ **work on**　〜に取り組む

正解：(A)　★★　カ → 豪

例題④ 見かけは普通の疑問文でも、Yes/Noを使った応答にはならない場合がある

Mark your answer on your answer sheet.　Ⓐ　Ⓑ　Ⓒ

Do you knowで始まっているが、尋ねたい内容はwhat time ... にある「コーヒーショップの閉店時間」である。24時間（around the clock）開いていると「時間」を答えている(B)が正解。
Do ...で始まっている疑問文なので、Yesで始まる(C)を選びたくなるかもしれないが、「それは2日前でした」と過去形である上に、質問とは関係のない応答になっている。「Do ...で始まる疑問文はYes/Noで答えられる」と機械的に覚えているとミスの元になるので注意しよう。

(スクリプト)
Do you know what time the coffee shop closes?
　(A) It closed three plants.
○ (B) It's open around the clock.
　(C) Yes. It was two days ago.
(スクリプトの訳)
そのコーヒーショップは何時に閉店するか知っていますか。
　(A) それは3つの工場を閉鎖しました。
○ (B) 24時間営業です。
　(C) はい、それは2日前でした。

□ around the clock　24時間営業の；休みなく

正解：(B)　★★★　米 → 英

PART 2

練習問題

CD 16 ~ CD 21

① Mark your answer on your answer sheet. Ⓐ Ⓑ Ⓒ

② Mark your answer on your answer sheet. Ⓐ Ⓑ Ⓒ

③ Mark your answer on your answer sheet. Ⓐ Ⓑ Ⓒ

④ Mark your answer on your answer sheet. Ⓐ Ⓑ Ⓒ

⑤ Mark your answer on your answer sheet. Ⓐ Ⓑ Ⓒ

⑥ Mark your answer on your answer sheet. Ⓐ Ⓑ Ⓒ

練習問題 正解と解説

① 正解：(C) ★ 豪 → 米　　CD-16

疑問詞Whereを使い、「人事部はどこにあるのか？」と「場所」を質問しているので、その答えとなる場所の選択肢を選ぶ。すなわち、「9階です」と答えている(C)が正解となる。
(A)は場所で答えているが、人事部のある場所が「ファイル・キャビネットの中」ということはあり得ないので不適切。(B)は「面接試験のために」と答えており、質問とは関係がない。

> (スクリプト)
> Where is the human resources department?
> (A) In the file cabinet.
> (B) For a job interview.
> ○ (C) On the ninth floor.
> (スクリプトの訳)
> 人事部はどこですか。
> (A) ファイル・キャビネットの中です。
> (B) 就職面接のためです。
> ○ (C) 9階です。

- □ human resources department　人事部
- □ file cabinet　ファイル・キャビネット：書類棚
- □ job interview　就職面接

② 正解：(B) ★★ 英 → 加　　CD-17

疑問詞Whyを使い、「なぜ彼らは今日の会議を延期したのか？」と質問しているので、基本的には「理由」を答えている選択肢を選ぶことになるが、ここでは直接理由を述べているものはない。理由を聞かれたが「よくわからない」と答えている(B)が応答として適当。

> (スクリプト)
> Why did they postpone today's meeting?
> (A) Until next Friday.

042

PART 2

◯ (B) I'm not sure.
　(C) Yes, indeed.
　スクリプトの訳
　なぜ彼らは今日の会議を延期したのですか。
　(A) 次の金曜までです。
◯ (B) わかりません。
　(C) はい、本当に。

□ postpone　動 ～を延期する　　□ indeed　副 実に；本当に

③ 正解：(A) ★★　米 → 英　　CD-18

Will Ms. Suzuki attend ...?（鈴木さんは午後、会議に出席する予定か？）と、未来のことを質問している。この質問に対し、答えとなり得るのは(A)の「おそらく（出席）しないでしょう」のみで、これはShe will probably not attend the project meeting.を省略した言い方。
(B)は、質問と同じ未来時制willを使い「あなたに会う」とも言っているので、「会議で会う」という意味に解せないこともないが、「午後の会議に出席するか？」という質問に対する応答としては唐突すぎ。

　スクリプト
　Will Ms. Suzuki attend the project meeting this afternoon?
◯ (A) Probably not.
　(B) She will meet you.
　(C) Yes, she was there.
　スクリプトの訳
　鈴木さんは、午後の企画会議に出席しますか。
◯ (A) おそらく出ないでしょう。
　(B) 彼女はあなたに会うでしょう。
　(C) はい、彼女はそこにいました

□ attend　動 ～に出席する　　□ project meeting　企画会議

練習問題 正解と解説

④ 正解：(C)　★★　カ→豪　CD-19

Did you submit ...という最初の部分をしっかり聞き取れただろうか。動詞submit（〜を提出する）は聞き慣れないかもしれないがTOEIC重要単語で、「報告書を上司に提出しましたか？」と尋ねている。よって正解は(C)の「いいえ、あと数日かかります」。
(B)はthey（彼ら）がそれをした、と答えており、主語が質問（you）と合わない。

スクリプト
Did you submit the report to the supervisor?
(A) The report was boring.
(B) Yes, they did it yesterday.
○ (C) No. It'll take a few more days.

スクリプトの訳
報告書を上司に提出しましたか。
(A) 報告書はつまらないものでした。
(B) はい、彼らは昨日それをしました。
○ (C) いいえ、あと数日かかります。

□ submit 動 〜を提出する　　□ supervisor 名 監督；上司

⑤ 正解：(B)　★　豪→米　CD-20

How many ...を使った質問なので、「数」を答えている選択肢を選ぶ。half a dozenは「半ダース（6個）」のことで、「数」を答えている選択肢はこの(B)のみ。
(A)のout of order（故障して）は、(C)のsupply room（備品室）と共に重要表現。supplyは名詞では「供給」（⇔demand「需要」）、動詞では「供給（提供）する」というgiveと同じ意味を持つことも覚えておこう。

スクリプト
How many ink cartridges should we order?
(A) It's out of order.

PART 2

○ (B) Half a dozen.
　(C) In the supply room.
　スクリプトの訳
　インクカートリッジはいくつ注文すべきですか。
　(A) それは故障しています。
○ (B) 半ダースです。
　(C) 備品室の中です。

□ out of order　故障して　　　　□ half a dozen　半ダース；6つ
□ supply room　備品室

⑥ 正解：(B)　★★　米 → カ　　　　　　　　CD-21

Whenで始まり、「スピーチが行われるのはいつか？」を尋ねている。「15分後」という時間を答えている(B)が正解。(A)は「スピーチの内容が何か？」という質問であれば答えになり得る。(C)は「場所」を質問された場合の答え。また、質問文がWhen will ...?と、未来のことを聞いているのに対し、(C)はIt was heldと過去形になっている点も不適切である。

　スクリプト
　When will the speech be given?
　(A) Next year's financial goals.
○ (B) In fifteen minutes.
　(C) It was held in the main conference room.
　スクリプトの訳
　そのスピーチはいつ行われるのですか。
　(A) 来年の財務目標です。
○ (B) 15分後です。
　(C) それは大会議室で行われました。

□ give a speech　スピーチ[演説]をする
□ financial　形 財務の；金融上の　　□ goal　名 目標

045

Unit 3

スコアアップ POINT

POINT 5

疑問詞に対して直接的な解答をしない「変化球タイプ」に要注意

例えばWho is going to draw up the contract?(誰がその契約書を作成するのですか)という質問に対し、人を答えるのではなく、It hasn't been decided yet.(まだ決まっていません)といった応答が正解になる場合もよくあります。

POINT 6

付加疑問文は、普通の疑問文と同じように考えればOK

You like coffee, don't you?のように付加疑問文といわれる形にも注意しましょう。You will go to the center, won't you?(そのセンターに行きますよね)など、Will you go to the center?とまったく同じことなので、難しく考えすぎないことが大切です。

POINT 7

定番表現のWhy don't you ...? をしっかり覚えておく

まず、Why don't you ...?には以下の2通りの意味があります。
①「〜してはどうですか?」と提案したり誘ったりする場合
②「なぜ〜しないのですか?」と何かをしない理由を尋ねる場合

PART 2では圧倒的に①の場合が多く、That's a good idea.(それはいいね)やOK. I will.(わかりました。そうします)などが応答となります。

POINT 8

疑問文ではないパターンは全文をきちんと聞いて意味で判断する

疑問文ではないものもあるので要注意。例えばLet me help you.(お手伝いしましょう)や、My car broke down.(私の車が故障しました)などのように、質問ではない言葉(発言)に対する適切な応答を問う問題もあります。

PART 2

> **例題⑤** 疑問詞に対して直接的な解答をしない「変化球タイプ」に要注意　CD 22
>
> Mark your answer on your answer sheet. Ⓐ Ⓑ Ⓒ

「いつ」仕事を終えるのかを尋ねているのだが、ダイレクトに仕事が終わる時間を答えている選択肢はない「変化球タイプ」の問題である。「後になるまで、わからない」と答えている(B)が正答。(A)は、報告書の部数を答えているので誤答。(C)は、仕事後の予定を答えているので誤答。

スクリプト
When will you finish your work tonight?
(A) Two hundred copies of this report.
○ (B) I won't know until later.
(C) I'm going straight home.

スクリプトの訳
今晩仕事は何時に終わるのですか。
(A) この報告書を200部です。
○ (B) 後にならないとわかりません。
(C) 真っすぐ家へ帰ります。

☐ copy　名 部 (数)
☐ go straight home　真っすぐ家へ帰る

正解：(B)　★★　米 → 英

例題⑥ 付加疑問文は、普通の疑問文と同じように考えればOK　CD 23

Mark your answer on your answer sheet.　Ⓐ　Ⓑ　Ⓒ

最後にdon't you?を付けた付加疑問文の形で「新しい部長を好きですよね」と聞かれているので、「仕事熱心で知的なので好きです」と好きな理由を答えている(B)が正解。
(A)は「彼女は昨夜ここに来なかった」という内容なので、質問に対する答えとしてはあいまいで不適切。ただし、同じような表現でもNo, I don't, because she didn't keep her promise.（いいえ嫌いです。約束を守らなかったから）のように、嫌いな理由だと明確にわかる文なら正解となり得る。(C)も、質問に対する答えとしては合わない。

スクリプト
You like your new manager, don't you?
(A) No, she didn't come here last night.
○ (B) Yes, she's hardworking and intelligent.
(C) I'm sure she will like you soon.

スクリプトの訳
新しい部長を好きですよね。
(A) いいえ、彼女は昨夜ここに来ませんでした。
○ (B) 好きですよ。よく仕事をするし、頭がいいので。
(C) 彼女は、きっとすぐあなたを好きになりますよ。

□ hardworking　形 仕事（勉強）熱心な；勤勉な
□ intelligent　形 知性的な；頭がいい

正解：(B) ★★　豪 → カ

PART 2

> **例題⑦** 定番表現のWhy don't you...? をしっかり覚えておく　CD 24
>
> Mark your answer on your answer sheet.　Ⓐ Ⓑ Ⓒ

Why don't you ...?を使い、「彼に手伝ってもらってはどうですか？」と相手に提案しているのに対して、「自分で出来ます」と答えている(C)が正解。同様に<u>I can manage.（何とかできます）</u>も一緒に覚えておこう。
(A)は「彼がしたと思う」という答えになっており、Why don't you ask ...?と、自分に対する提案への応答としてはおかしくなる。(B)は「彼はもうすでにあなたに頼んだのですか？」と相手に質問しており、質問への応答としては不適切となる。<u>質問と同じaskが使われている</u>ことにも注意したい。

（スクリプト）
Why don't you ask him for help?
(A) I think he did.
(B) Did he ask you already?
〇 (C) I can handle it.

（スクリプトの訳）
彼に手伝ってもらってはどうですか。
(A) 彼はしたと思います。
(B) 彼はもうあなたに頼んだのですか。
〇 (C) 自分で出来ます。

□ ask（人）for help　（人）に助けを求める
□ already　副 すでに；もう
□ handle　動 ～を扱う；処理する

正解：(C)　★★　カ → 米

> **例題⑧** 疑問文ではないパターンは全文をきちんと聞いて意味で判断する **CD 25**
>
> Mark your answer on your answer sheet. Ⓐ Ⓑ Ⓒ

疑問文ではない問題文の一例。let me knowは「知らせてください」という決まり文句で、「何か手伝えることがあれば知らせてください」と言っている。このように言われた場合の答えとして、ここでは(C)の「ありがとうございます。そうします」が最適な応答となる。
(A)は、自分が相手を手伝えないと言っており、相手の言ったこととかみ合っていない。自分がお役に立つだろうと言っている(B)も、相手の言ったことに対する返事としては不適切である。

スクリプト
Let me know if I can help you.
(A) No, I can't help you.
(B) Yes, I will be helpful.
○ (C) Thank you, I will.

スクリプトの訳
お役に立てることがありましたら、知らせてください。
(A) いえ、私はあなたを手伝うことはできません。
(B) はい、私はお役に立ちます。
○ (C) ありがとうございます。そうします。

□ helpful 形 役立つ

正解：(C)　★★　英 → 米

練習問題

PART 2

CD 26 ~ CD 31

① Mark your answer on your answer sheet.　Ⓐ Ⓑ Ⓒ

② Mark your answer on your answer sheet.　Ⓐ Ⓑ Ⓒ

③ Mark your answer on your answer sheet.　Ⓐ Ⓑ Ⓒ

④ Mark your answer on your answer sheet.　Ⓐ Ⓑ Ⓒ

⑤ Mark your answer on your answer sheet.　Ⓐ Ⓑ Ⓒ

⑥ Mark your answer on your answer sheet.　Ⓐ Ⓑ Ⓒ

練習問題 正解と解説

①正解：(A) ★★　カ→豪　　CD-26

「次の金曜日はどうか？」と質問しているので、適切なのは「それでいいですよ」という決まり文句で答えている(A)。質問文にある **then** はこの場合、「では；それなら」というニュアンスで使われており、別の日がダメなので、金曜日が代替案として持ち上がったところだと推測できる。

(B)は、I heard that you are getting married. などに対する答えとしてはいいが、ここでの質問に対する返事としては唐突な感じになるので不適切。
(C)も、Did you know anything about this problem? などに対する答えとしてはいいが、ここでの質問には合わない。

スクリプト
How about next Friday, then?
○ (A) That's fine with me.
　(B) Who told you that?
　(C) I had no idea about that.

スクリプトの訳
では次の金曜日はどうですか。
○ (A) それでけっこうです。
　(B) 誰がそれを言ったのですか。
　(C) それについては知りませんでした。

□ then　副 では；それなら

②正解：(C) ★★　米→英　　CD-27

What do you think of...? で「〜をどう思うか？」と相手の意見を尋ねている。「少し色が明るすぎる」と意見を述べている(C)が正解。

(A)の I haven't been there yet. は「そこにまだ行ったことがない」という重要表現。(B)は、I can have it to you（それを持ちます、あなたへ）。すなわち「あなたにお持ちします」という意味なので、質問に対する応答としては少々飛躍している。

PART 2

スクリプト
What do you think of the new book cover design?
(A) I haven't been there yet.
(B) I can have it to you before lunch.
○ (C) It's too bright, I think.

スクリプトの訳
新しい本の表紙のデザインをどう思いますか。
(A) まだそこに行ったことがありません。
(B) 昼食前にそれをお持ちできます。
○ (C) ちょっと明るすぎるかと思います。

□ bright 形 (色が) 鮮明な；明るい

---

③ 正解：(B) ★★ 英 → 米　CD-28

文の最後に isn't it? と軽くつける付加疑問文で、日本語で言えば「歓迎会は明日の夜ですよね」と、軽く尋ねる感じになる。答えとしては、(B)の It's been rescheduled to Friday night.（歓迎会は金曜の夜に変更になった）が適切。rescheduleは「日程を変更する」という意味。
この質問に対し、(A)のように「明日って水曜日だよね」と答える人もいるかもしれないが、応答としては明らかに飛躍しているので不適切。(C)は、welcomeを使った引っかけ。Your comments are welcome.（あなたのご意見は歓迎です）も覚えておきたい関連表現である。

スクリプト
The welcome party is tomorrow night, isn't it?
(A) Tomorrow is Wednesday.
○ (B) It's been rescheduled to Friday night.
(C) Everyone will welcome your comments.

スクリプトの訳
歓迎会は明日の夜ですよね。
(A) 明日は水曜日です。
○ (B) 金曜日の夜に変更になりました。

練習問題 正解と解説

(C) 誰もがあなたの意見を歓迎します。

□ reschedule 動 〜の日程を変更する　□ comment 名 意見：コメント

④正解：(B) ★ 豪→カ　CD-29

A or Bの形になっている部分をしっかり聞き取れただろうか。go outは「出かける」という意味で、go out or eat at homeと並べると「外食するか家で食べるか」という意味になる。すなわち「外食したい」と言っている(B)が正解となる。feel like 〜ing（〜したい気がする）は重要表現。(A)は質問のeatからrestaurantを連想させる引っかけ。また、A or Bの質問に対しては、AかBのどちらかを選択して答えることが基本で、YesやNoで答えることはない。よって(C)も誤答。

スクリプト
Would you like to go out or eat at home?
(A) The restaurant was good.
○ (B) I feel like eating out.
(C) Yes, that'll be nice.

スクリプトの訳
外食と家で食べるのとどちらがいいですか。
(A) あのレストランはよかったですね。
○ (B) 外食したい気分です。
(C) はい、それはいいですね。

□ go out 外出する　　　　　　□ eat at home 家で食べる
□ feel like 〜ing 〜したい気がする　□ eat out 外食する

⑤正解：(A) ★★ カ→英　CD-30

I look forward to seeing you soon.は「会うことを楽しみにしている」という意味の決まり文句。これに対し同じく決まり文句で「私もです」と答えている(A) So do I.が正解。決まり文句として、Likewise.（同様に）やMe too.（私もです）も一緒に覚えておこう。

(B)はforwardを引っかけたもので、forwardには手紙・Eメールなどを「転送する」という意味があることに注意。(C)も質問と同じ単語seeを使った引っかけだが、内容を考えれば不適切なのは明らかである。

(スクリプト)
I look forward to seeing you soon.
○ (A) So do I.
　(B) You don't have to forward it.
　(C) Yes, I'll see him tomorrow.

(スクリプトの訳)
お目にかかることを楽しみにしています。
○ (A) 私もです。
　(B) それを転送する必要はありません。
　(C) はい、明日彼に会います。

□ look forward to 　～を楽しみにしている
□ forward 　動～を転送する

⑥ 正解：(C) ★★ 英→米　CD-31

「その変更を知らなかったのか？」と質問しているのに対し、「もっと早く言ってくれたら…」と答えている(C)が正解。I wish ...は、I wish you were here.（あなたもここにいたらなあ）のように、旅先からの絵ハガキなどでよく使われる重要表現だ。

(A)は「変更について知らなかったのか？」と聞かれて、「何も変えなかった」と言っているのは応答としては適切ではない。(B)も質問に対する答えになっていない。ただし、remainは「（相変わらず）～のままである」という意味を持つ重要単語なのでマスターしておこう。

(スクリプト)
Didn't you know about the change?
(A) No, I didn't change anything.
(B) I will remain in the same place.

練習問題 正解と解説

○ (C) I wish you'd told me earlier.

(スクリプトの訳)
この変更について知らなかったのですか。
(A) いえ、私は何も変えませんでした。
(B) 同じところにいます。
○ (C) もっと早く言ってくれたらいいのに。

□ remain　動（相変わらず）〜のままである

コラム — PART 1
前置詞の位置関係をマスターしよう

☞ onは「接触」している

onは「表面に接触して」いる状態を指します。上に乗っている状態だけでなく、側面や下との接触も表します。

> **例 a picture on the wall** 「壁に掛けた絵」(側面)
> **a spider on the ceiling** 「天井にいるクモ」(下面)

なお、The cart has been turned on its side.は「カートが、側面を(床に)接触した状態で倒れている」→「カートは横に倒れている」という意味。

☞ next to(〜の隣[横]に)はしっかり覚えよう

> **例 There's a desk next to the door.** 「ドアの横に机がある」
> **They are sitting next to each other.**
> 　　　　　　　　　　　　　　　　「彼らは隣同士に座っている」

同じような意味のby, beside, near, *close to も一緒に覚えておきましょう。*close [klóus] 発音注意。動詞のclose(閉める)は [klóuz] となる。

以下の表現も、すぐに位置がイメージできるようにしておきましょう。

- **on the top of the cabinet** 「キャビネットの上に」
- **the park on the left (side)** 「左手の公園」
- **at the foot of a bed** 「ベッドの足元で」

他には、in front of(〜の前に)、above(〜の上方に)、below(〜の下方に)などもすぐにイメージができるようにしておきましょう。

コラム — PART 2
頻出のビジネス決まり文句をマスターしよう

- ☐ **I'm sorry, I have another appointment.**
  (あいにく先約があります)　＊誘いを断る。

- ☐ **If I were you, I would look it over one last time.**
  (私だったら最後にもう一回見直します)
  ＊ひかえめな提案。look overは「一通り目を通す」。

- ☐ **Let's go over the proposal.**
  (提案書を詳細に検討しましょう)　＊go overは「～を(綿密に)調べる」。

- ☐ **Are you in charge of this project?**
  (あなたがこのプロジェクトの担当ですか)
  ＊in charge of (～の担当)。代わりにbe responsible forを使ってもよい。

- ☐ **Let's get down to the business.**
  (本題に入りましょう／仕事に取りかかりましょう)
  ＊雑談後、本題に入る。／いざ仕事を始める。

- ☐ **Mike called in sick this morning.**
  (マイクは病気で休むと今朝電話してきました)
  ＊call in sickは「病気で休むと電話する」。

- ☐ **I have to submit this report tomorrow.**
  (この報告書を明日提出しなくてはなりません)
  ＊submitは「～を提出する」。turn in、hand inも同じ意味。

- ☐ **He is away from his desk now. Could I take a message?**
  (今彼は席をはずしています。ご伝言を承りましょうか)
  ＊電話をつなぐ相手が不在のとき。

- ☐ **I'm on my way to the airport now.**
  (今、空港に向かっているところです)　＊目的地に向かっている途中で。

PART 3
会話問題

PART 3の「会話問題」は全30問で構成されています。各会話に対して、それぞれ3つの設問に答えます。設問はすべて4肢択一。設問・選択肢はテスト用紙に印刷されています。また設問は音声でも流れます。

<1問の解答時間　8秒>

Unit 4
PART 3の基本戦略 ･･････････････061
スコアアップ POINT ･･････････062
例題① ･････････････････････････063
練習問題：3題 ･･････････････････067

Unit 5
スコアアップ POINT ･･････････078
例題② ･････････････････････････079
練習問題：3題 ･･････････････････083

PART 3が始まる前の指示文の内容

指示文が流れている間に、最初の問題の設問・選択肢をしっかりと先読みしておき、万全の体制で臨みましょう。

PART 3

Directions: You will hear some conversations between two people. You will be asked to answer three questions about what the speakers say in each conversation. Select the best response to each question and mark the letter (A), (B), (C), or (D) on your answer sheet. The conversations will be spoken only one time and will not be printed in your test book.

〈訳〉
2人の間で行われている会話をいくつか聞きます。各会話で話されている内容について3つずつ質問されます。最も適切な解答を選び、解答用紙の(A)、(B)、(C)または(D)にマークしてください。会話は1度だけ読まれ、問題用紙に印刷されていません。

Unit 4

PART 3の基本戦略

1 必ず設問を先にチェックする

　PART 3では「設問を先に読むこと」が鉄則です。全部に目を通すのは少し大変かもしれませんが、1つでも2つでもいいので会話文が流れてくる前に目を通すようにしましょう。設問は「何を聞けばいいのかを示してくれているヒント」なのですから、必ず前もって目を通すようにしましょう。

　Directionsが流れている間や、次の問題に移る前が勝負です。そこで各設問に目を通しましょう。

2 余裕があれば選択肢もチェックする

　選択肢には会話の内容のヒントが隠されています。慣れるまでは難しいかもしれませんが、少しずつでもかまいませんから、選択肢もチェックするようにしましょう。はじめのうちは「日付・時間・曜日・場所」に関する短いものだけでもOKです。これができるようになるとスコアが確実に伸びていきます。

3 会話文を聞きながら設問順に解答していく

　会話が終了してからアナウンスにしたがって設問を解くのではなく、会話を聞きながら設問を解いていくようにしましょう。

　会話中に出てくる正答のヒント文と設問の順序は基本的に対応しています。ですから、設問の答えがわかったらすぐに頭を切り替えて、次の設問に集中する、このプロセスを繰り返していきます。

　会話が終了して設問が読み上げられている間には、次の問題の設問に目を通すことができればベストです。

スコアアップ POINT

Whereで「場所」を問うパターン

POINT 1

Where does this conversation probably take place?（この会話は、おそらくどこで行われていますか？）は、3つのうちの最初の設問としてよく出題されます。最初の設問ですから、答えのヒントは第一話者の発言中にあることが多いので注意して聞きましょう。「会話が行われている場所」に関する設問が圧倒的に多いのですが、「イベントなどが行われる場所」「どこへ行けばいいのか」なども出題されます。

Whatで「何がしたいか？」を問うパターン

POINT 2

What does the man [woman] want to do?（男性［女性］は何がしたいのですか？）のタイプの問題では、設問が男性についてなら「男性のセリフ」（女性についてなら女性のセリフ）に答えのヒントがあるので注意して聞きましょう。

「何を話し合っているか？」「何をしたいのか？」「次に何をするか？」「何と言っているか？」「何が問題なのか？」などが出題されます。

Whyで「理由」を問うパターン

POINT 3

Why does the man [woman] ...?（男性［女性］はなぜ～ですか？）という形でよく出題されます。基本的にPOINT 2のパターンと同様に「設問で問われている人物のセリフ」に正答のヒントがあります。

「なぜ必要なのか？」「なぜ電話をかけているのか？」「なぜ来ることができなくなったのか？」「なぜ変更になったのか？」などがよく出題されます。

例題①

先読み練習

時間制限をしないで各設問・選択肢をしっかりと読み込んでから、CDを聞いて解答してみましょう。

Whereで「場所」を問うパターン

① Where does this conversation probably take place?
(A) At a seminar
(B) At an airport
(C) At a hotel
(D) At a bank

Ⓐ Ⓑ Ⓒ Ⓓ

Whatで「何がしたいか？」を問うパターン

② What does the woman want to do?
(A) Get directions to the seminar
(B) Stay at the airport overnight
(C) Stay in Seattle tonight
(D) Get another plane to her destination

Ⓐ Ⓑ Ⓒ Ⓓ

Whyで「理由」を問うパターン

③ Why does the man need her papers?
(A) To find her a place to stay
(B) To arrange a new flight for her
(C) To register her for the seminar
(D) To open a bank account for her

Ⓐ Ⓑ Ⓒ Ⓓ

①正解：(B) ★

女性の最初の発言にある I've just missed my flight to ...（〜への便に乗り遅れました）、Are there any other flights ...?（他の便はありますか？）などから「空港」での会話だとわかるので正解は(B)。
(A)は、女性はセミナー参加のために飛行機でバンクーバーへ行きたいのであって、この会話が行われているのがセミナー会場ではないので誤答。
この Where does this conversation probably take place? の設問は PART 3 では（3つのうち最初の設問として）典型的な出題パターンなのでしっかりと慣れておきたい。

②正解：(D) ★★

女性に関する設問なので、女性の発言に注意して聞こう。女性は最初に I've just missed my flight to Vancouver. Are there any other flights going there tonight? と言っている。つまり女性は「今夜バンクーバーに向けて飛びたい」わけだ。(D)の destination は「目的地」という意味で、Vancouver を言い換えたもの。
(C)は「シアトル」に引っかからないように注意。女性はシアトルで飛行機を乗り継ぐことになるが滞在するわけではない。
この What does the woman [man] want to do? の設問も PART 3 では必ず出題される。

③正解：(B) ★★

問題文の papers（書類）は、会話の最後で男性が I'll need to see your original ticket and your passport と言っている「チケットとパスポート」を言い換えたもの。この言い換えに気づくかどうかが最大のポイントだ。話の流れから推測すれば、シアトル経由でバンクーバーに行くための新しいチケットを手配するために、それらを見せてくれと言っていることは明らかなので、正解は(B)。

PART 3

W:カ　M:米

スクリプト

Questions 1 through 3 refer to the following conversation.

W: Excuse me. ①②I've just missed my flight to Vancouver. Are there any other flights going there tonight?

M: I'm sorry, ma'am. That was the last direct flight. But we could get you on a plane to Seattle and you could transfer there. You'll be in Vancouver by 10:00 P.M.

W: Fine, let's do that. I've got a very important seminar to attend in the morning.

M: OK, first ③I'll need to see your original ticket and your passport, please.

スクリプトの訳

設問①～③は次の会話に関するものです。

W: すみません。バンクーバー行きのフライトに乗り遅れてしまいました。他にバンクーバー行きのフライトが今夜ありますか。

M: 申し訳ありません。それが最後の直行便でした。ですがシアトル行きに乗り、そこで乗り継ぐこともできます。それなら午後10時までにはバンクーバーに着きますよ。

W: ではそれでお願いします。午前中にとても重要なセミナーがあるのです。

M: それでは、まずお持ちのチケットとパスポートを見せてください。

(設問・選択肢の訳)

①この会話はおそらくどこで行われていますか。
 (A) セミナーで
◯ (B) 空港で
 (C) ホテルで
 (D) 銀行で

②女性は何をしたいのですか。
 (A) セミナーへの道順を聞く
 (B) 空港で一晩過ごす
 (C) 今夜はシアトルに滞在する
◯ (D) 目的地への別の飛行機に乗る

③なぜ男性は女性の書類が必要なのですか。
 (A) 宿泊場所を見つけるため
◯ (B) 新しいフライトを手配するため
 (C) セミナーに登録するため
 (D) 銀行口座を開くため

☐ miss one's flight　飛行機に乗り遅れる
☐ direct flight　直行便
☐ transfer　動 (電車や飛行機などを) 乗り換える
☐ attend　動 ～に参加 [出席] する　　☐ original　形 元の；最初の
☐ probably　副 おそらく (可能性がかなり高い場合)
☐ directions to　～への道順　　☐ overnight　副 一晩 (中)
☐ destination　名 目的地　　☐ papers　名 書類
☐ register　動 登録する
☐ open a bank account　銀行口座を開く

PART 3

練習問題

CD 33 ~ CD 35

① What are they mainly talking about?
   (A) The arrival of a shipment
   (B) A guest from overseas
   (C) A trip to New Zealand
   (D) Their supervisor's hotel arrangements

   Ⓐ Ⓑ Ⓒ Ⓓ

② Where are the speakers going to go first?
   (A) To the warehouse
   (B) To the office
   (C) To the hotel
   (D) To the airport

   Ⓐ Ⓑ Ⓒ Ⓓ

③ What will they probably do later this evening?
   (A) Discuss the contract
   (B) Go to a restaurant
   (C) Do some gambling
   (D) See a show

   Ⓐ Ⓑ Ⓒ Ⓓ

練習問題

④ Why is the woman surprised?
(A) The view from the window is nice.
(B) The man arrived earlier than expected.
(C) The building architecture is very detailed.
(D) A difficult contract was already signed.

Ⓐ Ⓑ Ⓒ Ⓓ

⑤ Where are the speakers?
(A) At a restaurant
(B) At a subway terminal
(C) In the building lobby
(D) In the woman's office

Ⓐ Ⓑ Ⓒ Ⓓ

⑥ What will the speakers most likely do next?
(A) Have a business lunch
(B) Go up to the woman's office
(C) Discuss plans for the restaurant's interior
(D) Head to the subway station

Ⓐ Ⓑ Ⓒ Ⓓ

PART 3

⑦ What does the woman say about Ms. Jones?
    (A) She is intelligent.
    (B) She is a friend from school.
    (C) She will not be hired soon.
    (D) She is getting married.

                      Ⓐ Ⓑ Ⓒ Ⓓ

⑧ Where will Ms. Jones likely spend most of her time?
    (A) At the main office
    (B) At the new store
    (C) At school
    (D) At the north-side location

                      Ⓐ Ⓑ Ⓒ Ⓓ

⑨ When will Ms. Jones be transferred?
    (A) On Monday
    (B) In about a month
    (C) After her graduation
    (D) Before the orientation

                      Ⓐ Ⓑ Ⓒ Ⓓ

練習問題 正解と解説

Questions ①-③ CD-33

① 正解：(B) ⭐⭐

What are they mainly talking about?はPART 3の頻出パターンで「主な話題は何か？」を聞き取ればよい。まずは、会話が女性の「いつテンプルトンさんがニュージーランドから着くか？」という質問から始まることに注目する。さらに「7時半に空港へ迎えに行く」と男性が答えていることからも、ニュージーランドから来るテンプルトンさん（... Mr. Templeton be arriving from New Zealand）の部分をA guest from overseas（海外からの客）と言い換えた(B)が正解だとわかる。
テンプルトンさんが上司だという話は、どこにも出てこないので(D)は誤答。

② 正解：(D) ⭐⭐

Whereから始まる設問で、「まずどこへ行くのか？」を聞き取ればよい。女性の質問を受けて、男性が最初にWe'll meet him at about 7:30 this evening at the airport.と言っていることから(D)が正解である。行く場所の順序はairport → hotel → Italian placeである。
he wants to go directly to the hotel（まずはホテルへ行きたい）やafter he has a little break at the hotel（ホテルで少し休憩してもらってから）などホテルに関する情報がよく出ているので間違えないように注意しよう。(A)や(B)に関する情報は会話中には出てこない。

③ 正解：(B) ⭐

「今夜、彼らが後で何をしそうなのか？」を聞き取る。女性が2回目のセリフでWe can take him there after he has a little break ...と言っているが、このthereは男性の直前のセリフにあるItalian placeのことである。このItalian placeをrestaurantと言い換えた(B)が正解。
(A)の契約について話し合うこと、(C)賭け事をする、(D)ショーを見る、については、どれも会話中で述べられていない。

スクリプト
W:英　M:豪

Questions 1 through 3 refer to the following conversation.

PART 3

W: When will ①Mr. Templeton be arriving from New Zealand?
M: ②We'll meet him at about 7:30 this evening at the airport. He said he wants to go directly to the hotel, to drop off his bags and change clothes. He'd really like to go with us tonight to the ③Italian place with the breadsticks you like so much, if we have the chance.
W: Sure. We can take him there after he has a little break at the hotel.
M: I can't wait to see him. How long has it been? Ten months? A year?

(スクリプトの訳)
設問①〜③は次の会話に関するものです。
W: テンプルトンさんはいつ、ニュージーランドから来るのですか。
M: 今晩7時半ごろ、彼を空港で出迎えます。直接ホテルに行き、荷物を置き、着替えをしたいそうです。チャンスがあれば、彼はぜひとも私たちと一緒にイタリア料理店に行きたいそうですよ。あなたの大好きなスティックパンを出すお店にね。
W: もちろん。ホテルでしばらく休憩してもらってから、そこへお連れしましょう。
M: 早く会いたいですね。どのくらい経ったでしょうか。10カ月か、1年ぶりかもしれません。

(設問・選択肢の訳)
①話し手たちは、主に何について話していますか。
　　(A) 出荷品の到着
　○ (B) 海外からのお客
　　(C) ニュージーランドへの旅行
　　(D) 上司が泊まるホテルの手配

②話し手たちは、最初にどこへ行く予定ですか。
　　(A) 倉庫へ
　　(B) オフィスへ

練習問題 正解と解説

　　(C) ホテルへ
⭕ (D) 空港へ

③話し手たちは今夜、後で何をするでしょうか。
　　(A) 契約について話し合う
⭕ (B) レストランへ行く
　　(C) ギャンブルをする
　　(D) ショーを観る

☐ drop off　（物を）置いていく
☐ breadstick　**名** スティックパン；細い棒状のパン
　　※パンを細長いスティック状に焼き、バターや香草を付けたもの。通常イタリア料理のレストランで出される。
☐ shipment　**名** 出荷（品）；積み荷；発送（品）
☐ supervisor　**名** 上司；監督者；ボス　☐ warehouse　**名** 倉庫；大型の卸売店

Questions ④-⑥　　　　　　　　　　　　　　　CD-34

④正解：(B) ⭐

「なぜ女性が驚いているか？」を聞き取ろう。女性は最初に、you found my office rather quicklyと予想していたよりも早く男性が自分のオフィスを見つけてやってきたことを述べているので、(B)が正解。ratherには「かなり；予想以上に」といった意味がある。
このようにsurpriseは「びっくり仰天！」という感じだけではなく、「あらまあ」程度の「予想に反して」という場合にも使われるのを覚えておこう。(C)のdetailは動詞だと「詳しく説明する」という意味があるので、「女性の建物に関する説明が詳しかった」と勘違いして選ばないように注意したい。このdetailedは形容詞で「きめ細かい；緻密な」の意味。

⑤正解：(D) ⭐⭐

「話し手たちがどこにいるのか？」を聞き取る。これも最初の設問と同じセリフに注目すれば、女性が男性に対して「自分のオフィスをすぐに見つけましたね」と言っているので、(D)が正解だとわかる。

PART 3

(C)を選んだ人もいるかもしれないが、女性のオフィスであることは明確なのに対して、会話の中に「建物のロビー」にいると断定できる情報は一切ないので誤答となる。

⑥正解：(A) ★★

「2人が次に最もしそうなことは何か？」を聞き取る。女性が2回目のセリフでhave you had lunch yet, or ...と「ランチは済ませたか？ あるいはすぐに商談をするか？」と質問したのに対し、男性が最後にWhy don't we do both?（両方するというのはどうでしょう）と応答しているので、「ランチをしながら仕事の話をする」のだと推測できる。よって正解は(A)。

(B)は、1つ前の設問で「ロビー」を選んでいると、そこから連想してしまう可能性があるので注意したい。

スクリプト
W:英　M:米

Questions 4 through 6 refer to the following conversation.

W: Well, ④⑤you found my office rather quickly. Was it difficult?
M: Not at all. I saw the building as soon as I came out of the subway station. It was just as you said. The only red-brick building with a Cambodian restaurant on the ground floor.
W: That's right, and here you are. So, ⑥have you had lunch yet, or should we get straight to business?
M: I've got everything with me. ⑥Why don't we do both?

スクリプトの訳

設問④～⑥は次の会話に関するものです。

W: まあ、私のオフィスをずいぶん早く見つけられましたね。わかりにくかったですか。
M: いえ全然。この建物は、地下鉄の駅を出るとすぐに見えました。あなたが言ったとおりでしたよ。唯一の赤レンガの建物で、1階にはカンボジア料理店がありました。
W: その通りです。そして無事到着ですね。お昼はもう食べましたか。それとも早速商談にとりかかりましょうか。

練習問題 正解と解説

M: 必要なものは全部そろっています。両方する、というのはどうですか。

(設問・選択肢の訳)

④女性はなぜ驚いているのですか。
- (A) 窓からの景色がよい。
- 〇 (B) 男性は思ったより早く着いた。
- (C) 建物の構造はとても緻密だ。
- (D) 難題だった契約がすでに結ばれた。

⑤話し手たちはどこにいますか。
- (A) レストラン
- (B) 地下鉄の終着駅
- (C) 建物のロビー
- 〇 (D) 女性のオフィス

⑥話し手たちが次に最もしそうなことは何ですか。
- 〇 (A) ビジネスランチをする
- (B) 女性のオフィスへ上がる
- (C) レストランの内装プランを話し合う
- (D) 地下鉄の駅へ向かう

□ brick　名レンガ
□ ground floor　1階（英）＝first floor（米）
□ get to business　仕事［用件］にとりかかる
□ straight　副続けざまに；休まずに　　□ architecture　名建築（様式）
□ sign a contract　契約を結ぶ　　□ likely　副おそらく
□ head to　〜に向かって進む

Questions ⑦-⑨　　CD-35

⑦**正解：(A)** ★★

「女性がジョーンズさんについてどう思っているか？」を聞き取る。設問に What does the woman say ...とあるので、女性のセリフをしっかり聞く

ことが重要だ。男性にジョーンズさんに関する質問をされたことに対し、女性はShe graduated at the top of her class.（首席で卒業している）と述べている点に注目しよう。すなわち「頭がよい」ということになるので、(A)が正解。

ジョーンズさんはすでに雇用されているので(C)は誤答。メインオフィスでは人材不要なことや、オリエンテーションが終わってから配属される予定などと混同しないようにしよう。

⑧正解：(D) ★★

Where will ... ?の形で「これから先、どこで」ジョーンズさんが働くことになりそうかを質問している。男性が2回目の発言の中で「パトリックが辞めたので、北側のオフィス（north-side office）に空きがある」と言っており、続けて女性がthat's where we're planning on sending her（そこに彼女を配属するつもりです）と言っていることから、office（事務所）をlocation（場所）と言い換えた(D)が正解。

(A)はshe won't be working in the main officeから、明らかに誤答。

⑨正解：(B) ★★★

When will ... ?なので「これから先、いつ」ジョーンズさんが異動になるかを聞き取る。女性が最後にwe're planning on sending her next month ...と言っていることに注目する。すなわち、「異動は来月」なので(B) In about a month（約1カ月後）が正解。

ただし、この会話が行われている日時がわからないので消去法で確認する必要がある。(A)の「月曜日」は面接に来た日。(C)は、ジョーンズさんはすでに卒業している。(D)も、異動はオリエンテーション後。

スクリプト   M:豪 W:カ

Questions 7 through 9 refer to the following conversation.

M: Melinda, did you hire that young woman who came for an interview on Monday?
W: You're talking about Ms. Jones. Yes, I did. I really like her. ⑦She graduated at the top of her class. Unfortunately, she

練習問題	**正解と解説**

won't be working in the main office, though.
M: Yeah, I was told we don't need any more staff here. But ⑧the north-side office has an opening, now that Patrick has quit.
W: Yes, that's where ⑨we're planning on sending her next month when she finishes her orientation.

(スクリプトの訳)
設問⑦～⑨は次の会話に関するものです。
M: メリンダ、月曜日に面接に来た若い女性を雇ったのですか。
W: ジョーンズさんのことですね。雇いましたよ。とても彼女を気に入りました。首席で卒業したんです。残念ながら、彼女は本社勤務ではありませんが。
M: そうですね。ここではこれ以上スタッフは必要ないと言われました。ただし、パトリックが辞めたから北側のオフィスには空きがあります。
W: はい。オリエンテーションが終わる来月、彼女にそこへ行ってもらう予定です。

(設問・選択肢の訳)
⑦女性はジョーンズさんについて何と言っていますか。
○ (A) 彼女は頭がいい。
　(B) 彼女は学生時代からの友だちである。
　(C) 彼女はすぐには雇われない。
　(D) 彼女は結婚する。

⑧ジョーンズさんは、どこで多くの時間を過ごすことになりそうですか。
　(A) 本社で
　(B) 新店舗で
　(C) 学校で
○ (D) 北側の場所で

PART 3

⑨ジョーンズさんは、いつ異動になりますか。
   (A) 月曜日に
◯ (B) 約1カ月後
   (C) 卒業後
   (D) オリエンテーションの前に

☐ hire　動 (人) を雇う　　　　　　☐ interview　名 面接
☐ unfortunately　副 残念ながら　　☐ opening　名 (仕事などの) 空き
☐ now that　いまや〜なので
☐ orientation　名 説明会；オリエンテーション
☐ transfer　動 移動させる；転勤させる

Unit 5

スコアアップ POINT

Whatで「何についての会話か？」を問うパターン

POINT 4

What are they mainly talking about?（彼らは主に何について話していますか？）やWhat is being discussed? What are the speakers discussing?のように「何についての会話か？」を問うものは、3つのうちの最初の設問として一番出題されやすいタイプの問題です。

答えのヒントは、ほとんどが第一話者の最初のセリフにあることを覚えておきましょう。その理由は、一般に会話は最初の発話で用件を切り出し、それについて進めるものだからです。

Whenで「日時」を問うパターン

POINT 5

Whenの設問は「日時（on Monday, at 7:00など）」を表す短めの選択肢が並んでいるので、確実に先読みをしましょう。「何をする日時が問われているのか？」を先読みでつかみ、注意して聞き取れば正解しやすいので、スコアアップにつながる問題と言えます。

ただし、たいていの場合は引っかけるための「他の日時」が会話中に1つは出てくるので注意が必要です。

Whatで「相手にして欲しい内容」を問うパターン

POINT 6

この「依頼・提案」のタイプの設問では、主語にあたる"誰から"誰への依頼・提案なのかを明確にすることが重要です。

What does the woman ask the man to do?（女性は男性に何をするよう頼んでいるか？）やWhat does the woman suggest that the man do?（女性は男性に何をするよう提案しているか？）なら、"女性から"男性への依頼（提案）なのですから「女性のセリフ」に集中して、男性に対して依頼・提案をしている内容を意識して聞き取るようにしましょう。

PART 3

例題②

先読み練習

各設問・選択肢をしっかりと読み込んでから、CDを聞いて解答してみましょう。今回は先読み時間30秒以内が目標です。

Whatで「何についての会話か？」を問うパターン

① What are the speakers mainly talking about?
(A) Having a meeting
(B) Having lunch together
(C) Reviewing job applications
(D) Finding some documents　　Ⓐ Ⓑ Ⓒ Ⓓ

Whenで「日時」を問うパターン

② When will the speakers get together?
(A) Monday afternoon
(B) Tuesday morning
(C) Wednesday afternoon
(D) Friday morning　　Ⓐ Ⓑ Ⓒ Ⓓ

Whatで「相手にして欲しい内容」を問うパターン

③ What does the woman ask the man to do?
(A) Stop by her office
(B) Bring some information with him
(C) Reduce his staff this year
(D) Wait until a delivery arrives　　Ⓐ Ⓑ Ⓒ Ⓓ

Unit 5

①正解：(A) ⭐⭐

女性が最初にI'd like to schedule that production meeting ...と言っており、「会議の予定を立てたい」ことがわかる。引き続き時間を決め、その時間に会おう（I'll see you after lunch on Wednesday.）と言っていることからも「会議（meeting）」について話していることがわかるので、正解は(A)。
ランチの後に会議をするが、ランチを一緒に食べる話は出ていないため、(B)は誤答。文書をまとめる（put together）話もしているが、文書がある場所を見つけるわけではないため、(D)も誤答となる。

②正解：(C) ⭐⭐

日時を表す選択肢が並んでいる。設問・選択肢を先読みして、「話者たちが集まる日時」を聞き取ることに集中して会話を聞けただろうか。女性がAre you available this Wednesday at about 1:30?（今週水曜日1時半は、空いていますか？）と聞き、男性がThat works good for me.（大丈夫です）と答え、さらにI'll see you after lunch on Wednesday.（水曜ランチの後に会いましょう）と言っていることからも、正解は(C)である。
(D)はproduction meetingについて男性が女性に話していた日なので引っかからないように注意しよう。

③正解：(B) ⭐⭐

設問の主語はthe womanで「女性が男性に何をするよう依頼しているか？」を問うもの。よって女性のセリフに注意して問題文を聞く。女性は最後にCan I also have the staffing records of your department for the last year?と男性に依頼をしていることがわかる。女性が持ってくるよう頼んでいるのはthe staffing records（人員配置記録）で、これをinformationに言い換えた(B)が正解。
(A)は、「ミーティングの日時」について話し合ってはいるが、「場所」については特に言及されていない。

PART 3

> スクリプト

M:米　W:カ

Questions 1 through 3 refer to the following conversation.

M: Good afternoon, Stephanie, this is Sam. ①I'd like to schedule that production meeting I was talking to you about on Friday morning.

W: Oh, sure. Are you available this Wednesday at about 1:30?

M: That works good for me. ②I'll see you after lunch on Wednesday.

W: OK. By then I can put together the documents you want. ③Can I also have the staffing records of your department for the last year?

> スクリプトの訳

設問①〜③は次の会話に関するものです。

M: こんにちは、ステファニー。サムです。金曜の朝にお話しした生産会議の予定を立てたいのですが。

W: もちろんいいですよ。今週水曜の1時半ごろはどうですか。

M: それで大丈夫です。水曜日の昼食後にお会いしましょう。

W: わかりました。それまでにはあなたが欲しがっている文書をまとめられます。去年のそちらの部門の人員配置の記録を用意してもらうこともできますか。

【設問・選択肢の訳】
①話し手たちは主に何について話していますか。
- ◯ (A) ミーティングをすること
- (B) 一緒にランチを食べること
- (C) 求人の応募書類を見直すこと
- (D) 文書を見つけ出すこと

②話し手たちはいつ集まりますか
- (A) 月曜の午後に
- (B) 火曜の朝に
- ◯ (C) 水曜の午後に
- (D) 金曜の朝に

③女性は男性に何をするよう頼んでいますか。
- (A) 女性のオフィスに立ち寄る
- ◯ (B) 情報を持ってくる
- (C) 今年度の彼のスタッフを減らす
- (D) 配達が来るまで待つ

- □ available　形会うことができる；手が空いている
- □ work　動うまくいく
- □ put together　〜をまとめる；よせ集める
- □ staffing　名人員（スタッフ）の配置
- □ get together　集まる
- □ stop by　立ち寄る
- □ reduce　動減らす；削減する

PART 3

練習問題

① What does the woman have to do?
   (A) Schedule the night-shift workers
   (B) Work overtime
   (C) Go to a restaurant
   (D) Find an annual report

   Ⓐ Ⓑ Ⓒ Ⓓ

② When does the woman have to submit the report?
   (A) Last week
   (B) Today
   (C) Tomorrow
   (D) Next week

   Ⓐ Ⓑ Ⓒ Ⓓ

③ What does the man suggest that the woman do?
   (A) Delay her work
   (B) Order some take-out food
   (C) Assign another person
   (D) Change the deadline

   Ⓐ Ⓑ Ⓒ Ⓓ

練習問題

④ What are the speakers mainly talking about?
   (A) Their new workplace
   (B) The cost of their apartments
   (C) The man's new place
   (D) The noise in their neighborhoods Ⓐ Ⓑ Ⓒ Ⓓ

⑤ How does the man get to work?
   (A) On foot
   (B) By bus
   (C) By car
   (D) By train Ⓐ Ⓑ Ⓒ Ⓓ

⑥ How long does it take the woman to get to work?
   (A) Ten minutes
   (B) Half an hour
   (C) Sixty minutes
   (D) Almost two hours Ⓐ Ⓑ Ⓒ Ⓓ

PART 3

⑦ What type of business is the woman contacting?
   (A) An online magazine
   (B) A job-placement website
   (C) An office-supply warehouse
   (D) A furniture store   Ⓐ Ⓑ Ⓒ Ⓓ

⑧ What does the man suggest that the woman do?
   (A) Fill out an online résumé
   (B) Find the nearest location
   (C) Look at the company's website
   (D) Speak to a career counselor   Ⓐ Ⓑ Ⓒ Ⓓ

⑨ What does the woman want to do?
   (A) Visit one of their shops
   (B) Apply for a position
   (C) Place an order
   (D) Answer some questions   Ⓐ Ⓑ Ⓒ Ⓓ

練習問題 正解と解説

Questions ①-③　　　CD-37

①正解：(B) ★

「女性は何をしなくてはいけないか？」を聞き取らなくてはいけないので、女性のセリフに注意する。女性は男性にAre you staying late today, Carla?（今日は遅くまでいるの？）と尋ねられ、I have to work on the quarterly report, so I'll be here after midnight.（この四半期報告書を作成しなくてはいけないので、夜中過ぎまでいます）と答えている。つまり、「女性は残業している」ので(B)が正解。work overtimeは必須表現。
女性がしなくてはいけないことは四半期報告書作成であり、(A)の夜勤労働者の予定を組んだり、(D)の年次報告書を見つけたりすることではない。

②正解：(D) ★

日時を表す比較的短めの選択肢が並んでいる。設問・選択肢を先読みして「女性が報告書を提出しなければいけない日時」、つまり「報告書の締切日」に集中して会話文を聞く。男性が、The deadline is a week away.（締め切りは1週間先だ）と言っていることから、正解は(D)だとわかる。会話中には他に日時に関係する単語として、today、after midnightが出てくるが、それぞれ何の日時なのかを整理しながら聞くようにしよう。

③正解：(A) ★★

設問の主語はthe manで「男性が女性に何をするよう提案しているか？」が問われている。よって、男性のセリフに注意して問題文を聞く。男性はCan't you do it later?（後にできないのですか？）と女性に「仕事を後でやる」ように提案している。つまり、Delay her work.（仕事を遅らせる）と言い換えた(A)が正解。
(B)にあるtake-outは食べ物のテイクアウトに使われる表現で、最初に女性がtake off without meと言っていることから混同しないように注意。take offは、ここでは「仕事を終えて帰る」という意味。(D)は締め切りの話はしているが、締め切り自体の変更については述べていないため誤答。

スクリプト　　　M:豪　W:英

Questions 1 through 3 refer to the following conversation.

PART 3

M: Are you staying late today, Carla?
W: Oh, yeah, go ahead and take off without me, David, I'll lock up. I have to work on the quarterly report, ①so I'll be here after midnight.
M: ②The deadline is a week away. ③Can't you do it later?
W: No, I'm not going to finish it in a rush, like last time. I don't want to have to worry about accounting mistakes and typos again.

スクリプトの訳

設問①〜③は次の会話に関するものです。
M: カーラ、今日は遅くまでいるのですか。
W: ええ、お先にどうぞ、ディヴィッド。鍵はかけておきますよ。四半期報告書を作らなくてはいけないので、夜中過ぎまでここにいます。
M: 締め切りは1週先です。後にできないのですか。
W: いえ、前回のように大慌てで終わらせたくはないのです。計算ミスやタイプミスをまた心配するなんて嫌ですから。

設問・選択肢の訳

①女性は何をしなくてはいけませんか。
　(A) 夜勤労働者の予定を組む
◯ (B) 残業する
　(C) レストランに行く
　(D) 年次報告書を見つける

②いつ女性は報告書を提出しなければなりませんか。
　(A) 先週
　(B) 今日
　(C) 明日
◯ (D) 来週

③男性は女性に何をするよう提案していますか。

087

練習問題 正解と解説

○ (A) 仕事を遅らせる
　(B) 持ち帰り用の食べ物を注文する
　(C) 他の人を任命する
　(D) 締め切りを変更する

- □ take off　仕事から離れる
- □ quarterly report　四半期報告書
- □ typo　名 タイプミス；誤植
- □ annual report　年次報告書
- □ assign　動 ～を任命する；割り当てる
- □ lock up　戸締まりをする
- □ in a rush　大急ぎで
- □ work overtime　残業する
- □ submit　動 ～を提出する

Questions ④-⑥　　　　　　　　　　　　　　　　CD-38

④正解：(C) ★★

設問がWhat are they mainly talking about?なので、最初のセリフに特に注意して「何についての会話か？」を聞き取ろう。女性は最初にyou've just moved recentlyと言っており、男性が最近引っ越したこと、さらにWhat's your neighborhood like?と、(引っ越し先の) 近隣の様子を質問していることから、(C)の「男性の新しい場所」が主な話題になっていることがわかる。placeには「自宅」という意味もある。

(D)は、男性の近隣は平日騒々しくなるとは言っているが、女性は騒音については何も言っていない。つまり、選択肢がtheirとなっているため不適切だとわかる。

⑤正解：(B) ★

移動手段を表す短めの選択肢が並んでいるため、優先的に設問・選択肢を先読みして「男性の通勤手段」に集中して会話文を聞く。男性のセリフit's only ten minutes to work by bus（職場へはバスでほんの10分です）のby busを聞き取れば正解できる。

男性は繁華街（downtown）にある店などへは徒歩でいける距離（within walking distance）と言っているが、徒歩は通勤手段ではないため、(A)は誤答。(C)は、車は男性でなく女性の通勤手段である。

PART 3

⑥正解：(C) ★★

時間を表す短めの選択肢が並んでいる。設問（How long does it take...? で「かかる時間」を尋ねている）を先読みして「女性の通勤時間」に集中して会話文を聞く。女性は2回目のセリフで、it takes me an hour to drive in hereと言っているので「通勤時間は車で1時間」だとわかる。このan hourをsixty minutesと言い換えている選択肢(C)が正解。
(A)の10分は、男性の現在の通勤時間。(D)の約2時間は、男性の引越し前の通勤時間である。

スクリプト
W:英　M:米

Questions 4 through 6 refer to the following conversation.

W: John, ④you've moved just recently, haven't you? What's your neighborhood like?

M: Well, it's more of an industrial area than residential, so it can be quite noisy on weekdays. But I'm within walking distance to most of the shops and restaurants downtown, and ⑤it's only ten minutes to work by bus.

W: Wow. That's nice. I'm thinking of finding someplace closer, because ⑥it takes me an hour to drive in here every day.

M: I understand. It used to take me almost two hours to get to work in the winter. You should come look at some of the places around me.

スクリプトの訳

設問④～⑥は次の会話に関するものです。

W: ジョン、最近引っ越したばかりですよね。どんな感じのところですか。

M: ええ、住宅地というより産業地域なので、平日はとても騒騒しい時があります。ですが、中心街にあるほとんどの店やレストランは歩いて行ける距離ですし、職場へはバスでほんの10分です。

W: それはいいですね。私もどこか近い所を見つけようかと思っています。ここへは車で毎日1時間かかるので。

M: わかります。以前は私も、冬は職場まで約2時間かかっていましたか

練習問題 正解と解説

ら。うちの近所で物件をいくつか見てみるといいですよ。

(設問・選択肢の訳)
④話者たちは主に何について話していますか。
　　(A) 彼らの新しい職場
　　(B) アパートの費用
○ (C) 男性の新しい場所
　　(D) 彼らの近隣の騒音

⑤男性はどのように通勤していますか。
　　(A) 徒歩で
○ (B) バスで
　　(C) 車で
　　(D) 電車で

⑥女性の通勤時間はどのくらいですか。
　　(A) 10分
　　(B) 30分
○ (C) 60分
　　(D) 約2時間

□ more of A than B　　BというよりA
□ industrial　形 工業の；産業の　　□ residential　形 居住の
□ within walking distance　　歩いていける距離で
□ downtown　副 繁華街で；中心地で　□ workplace　名 職場

Questions ⑦-⑨　　　　　　　　　　　　　　　CD-39

⑦正解：(D) ★

「女性がどんな業種に連絡を取っているか？」を聞き取る。そこで、女性が最初にI saw a magazine advertisement for your furniture store.と言っていることから「家具店」だとわかる。
男性の最初のセリフにour website（当社のウェブサイト）、order online

PART 3

(オンラインで注文）といったフレーズから、(A)や(B)に惑わされないように注意。(C)は「事務用品の倉庫」あるいは「大規模な卸売店」のこと。

⑧正解：(C) ⭐⭐

設問の主語はthe manで、「男性が女性に何をするよう勧めているか？」が問われている。男性のセリフに注意して問題文を聞こう。男性の最初のセリフにyou should check our website and ...（当社のウェブサイトをチェックしていただき…）の部分で「ウェブサイトを見る」ように勧めている。これをLook at the company's websiteと言い換えた(C)が正解。この家具店はオンラインのみで実際の店舗を持たないため、(B)は誤答。

⑨正解：(A) ⭐⭐

設問の主語はthe womanで、「女性が何をしたいか？」が問われている。女性は2回目のセリフでCan I stop by one of your stores?（店によってもいいか）やI'd love to come in and spend a day browsing.（店内を1日かけて見て回りたい）と言っており、これをVisit one of their shops（店舗の1つを訪れる）と言い換えた(A)が正解。
女性は店で品物を見たいとは言っているが「注文したい（place an order）」とは言っていないため、(C)は誤答。

スクリプト W:カ M:豪

Questions 7 through 9 refer to the following conversation.

W: Hello, ⑦I saw a magazine advertisement for your furniture store. I understand that all of your home and office furnishings are discounted fifty percent or less. How can I take advantage of that?

M: OK, ⑧you should check our website and when you have the catalog numbers of the items you'd like, simply order online, or you can order here from our toll-free number.

W: ⑨Can I stop by one of your stores? You seem to have such a great selection, I'd love to come in and spend a day browsing.

練習問題 正解と解説

M: I'm sorry, right now we're just an online store. But if there's an item you can't find, we have an expert staff that can track it down for you.

(スクリプトの訳)
設問⑦～⑨は次の会話に関するものです。
W: そちらの家具店の雑誌広告を見たのですが。家庭用とオフィス用の家具・調度品がすべて最大50％の割引ということですね。どうやって割引を受けるのですか。
M: はい、当社のウェブサイトを見ていただき、欲しい品物のカタログ番号があればオンラインで注文してください。また、このフリーダイヤルからも注文できます。
W: どこかの店舗に行ってみたいのですが。品揃えが豊富にあるようなので、ぜひ店内で1日かけて見て回りたいのです。
M: すみません。現在のところ、弊社はオンライン店舗だけなのです。でも、もし見つけられない品物がありましたら、専門スタッフがお調べいたしますよ。

(設問・選択肢の訳)
⑦女性は何の業種に連絡を取っていますか。
　　(A) オンライン・マガジン
　　(B) 求人広告ウェブサイト
　　(C) 事務用品の卸売
○ (D) 家具店

⑧男性は女性に何をするよう提案していますか。
　　(A) オンライン履歴書に入力する
　　(B) 1番近い店舗を見つける
○ (C) その会社のウェブサイトを見る
　　(D) キャリア・カウンセラーと話をする

PART 3

⑨女性は何をしたいのですか。
- ◯ (A) 店の1つへ訪れる
- (B) 職に応募する
- (C) 注文をする
- (D) 質問に答える

- ☐ furnishings　🏷家具；調度品
- ☐ take advantage of　〜をうまく利用する
- ☐ toll-free number　フリーダイヤル番号
- ☐ stop by　〜に立ち寄る
- ☐ browse　🏷見て回る；立ち読みする
- ☐ track down　〜を見つけ出す；徹底的に調べる
- ☐ job-placement　🏷求人広告の
- ☐ office-supply　🏷事務用品
- ☐ warehouse　🏷倉庫；卸売店
- ☐ fill out　〜に必要事項を記入する
- ☐ résumé　🏷履歴書
- ☐ apply for　〜に申し込む
- ☐ place an order　注文する

コラム — PART 3
頻出&要注意の出題パターンをマスターしよう

事前によく出る出題パターンを覚えておけば、問われている内容が瞬時に把握でき、先読み時間の大幅な短縮につながります。

☞ 頻出の出題パターン

☐ **What are the speakers (mainly) <u>discussing</u> [talking about]?** （話し手たちは（主に）何を話していますか）

☐ **What does the man ask the woman to do?**
（男性は女性に何をするように頼んでいますか）

☐ **Where does this conversation take place?**
（この会話はどこで行われていますか）
 ＊似ている質問にWhere are the speakers?（話し手たちはどこにいますか）や Where are the speakers probably talking?（話し手たちはおそらくどこで話していますか）などがあります。

☐ **What will the man (probably) do next?**
（男性は次に（おそらく）何をするでしょうか）
 ＊似ている質問にWhat will the man do first?（男性は最初に何をするでしょうか）、What will they do later this afternoon?（彼らは午後遅くに何をするでしょうか）などがあります。

☞ 要注意の出題パターン

☐ **What does the man say will take place tomorrow?**
一見すると何が問われているのかわからないかもしれません。そんな時は、What (does the man say) will take place tomorrow? のようにカッコで囲むと「男性は明日何があると言っていますか」という質問だとわかりやすくなるでしょう。Who does the woman say called this morning? → Who (does the woman say) called this morning?（女性は誰が今朝電話したと言っていますか）など、ポイントだけを瞬時につかむ練習をしましょう。

PART 4
説明文問題

PART 4の「説明文問題」は全30問で構成されています。各アナウンス・スピーチなどに対して、それぞれ3つの設問に答えます。設問はすべて4肢択一。設問・選択肢はテスト用紙に印刷されています。また設問は音声でも流れます。

<1問の解答時間　**8秒**>

Unit 6
PART 4の基本戦略 ……………………… **097**
スコアアップ ⚡ POINT ……………… **098**
例題①〜③ …………………………… **099**
練習問題：1題 ………………………… **111**

Unit 7
スコアアップ ⚡ POINT ……………… **116**
例題④〜⑥ …………………………… **117**
練習問題：1題 ………………………… **129**

PART 4が始まる前の指示文の内容

指示文が流れている間に、最初の問題の設問・選択肢をしっかりと先読みしておきましょう。

PART 4

Directions: You will hear some short talks given by a single speaker. You will be asked to answer three questions about what the speaker says in each short talk. Select the best response to each question and mark the letter (A), (B), (C), or (D) on your answer sheet. The talks will be spoken only one time and will not be printed in your test book.

〈訳〉
1人による短い話を聞きます。各話の内容について3つずつ質問されます。最も適切な解答を選び、解答用紙の(A)、(B)、(C)または(D)にマークしてください。話は1度だけ読まれ、問題用紙に印刷されていません。

Unit 6

PART 4の基本戦略

1 あらかじめ問題パターンと特徴的な語彙に慣れておく

　PART 4の問題を解いていくプロセスは、基本的にPART 3と同じですが、問題はPART 3より文章量も長く、語彙レベルもアップしています。

　ただしPART 4は、「スピーチ、ニュース、ツアーガイド」などのように問題のパターンがある程度限られているので、各パターンに慣れておくことが攻略のカギとなります。

　PART 4に使われる問題のパターンには、主に以下のものがあります。

> ①**アナウンス**　機内・空港でのアナウンス。会議・イベントの呼びかけ。社内放送など。
> ②**メッセージ**　電話をかけた人が留守番電話に残した伝言。店舗や会社などの営業時間終了後の自動応答メッセージなど。
> ③**広告**　商品・サービス・施設の宣伝。新店舗開店のお知らせ。セールやイベントの案内など。
> ④**スピーチ**　販売促進のためのプレゼンテーション。受賞者・退職者・新入社員の紹介やそこで紹介されている人自身のあいさつなど。
> ⑤**ツアーガイド**　博物館や工場、観光地などを案内する人の話など。
> ⑥**ニュース**　天気予報、交通情報、事故情報、経済情報など。

　これらの状況を想像しながら聞くだけでも、ずいぶん話の内容がわかりやすくなります。

　何についてのアナウンスなのかを聞き取る決め手は、やはり最初をしっかり聞くことです。ほとんどのアナウンスが、はじめのほうで「誰が」「何のために」、そして「誰に向かって」アナウンスしているのかを述べていますので、聞き逃さないようにしましょう。

スコアアップ POINT

POINT 1

アナウンス（飛行機の機内アナウンス）

機内アナウンスには2つのタイプがあります。

1つ目は、機長による「目的地・飛行時間・到着時間・乱気流情報・現地の気温や天候・禁止事項」などのフライト情報を伝えるもの。

2つ目は、客室乗務員による「免税品の販売」や「座席につくように」といった一般的な案内です。

機内アナウンスの場合は、放送内容、設問のパターンもある程度限られているので、事前に慣れておくことが非常に有効です。

POINT 2

メッセージ（留守番電話に残した伝言）

留守電メッセージでは、以下のタイプがよく出題されます。

- お店のスタッフ → お客：「注文した商品の入荷情報」など
- 医者の受付 → 患者：「予約時間の変更」など
- 同僚へのメッセージ：「会議時間の変更」など

お店や会社であれば「どのような職種か」「どこへ電話がかかっているのか」「別の連絡先を述べていないか」などに注意して聞くようにしましょう。個人でも仕事上でも通常、最初に名前や「○○社の〜と申します」のように言うので、聞き逃さないようにしましょう。

POINT 3

広告（水族館の宣伝）

広告の典型的なパターンでは、まずは聞き手に対して「〜してください！」「〜したいと思いませんか？」のように呼びかけて注意を引いた後に、商品・サービスなどの具体的な説明が続きます。そして最後は「営業時間、入場料、詳細な情報へのアクセス方法」といった情報で締めくくられます。事前に設問・選択肢をチェックして、商品・サービス、営業時間など、「何がどんな順序で問われているのか？」を意識しながら聞く練習をしましょう。

PART 4

例題① アナウンス（飛行機の機内アナウンス） CD 40

先読み練習

時間制限をしないで各設問・選択肢をしっかりと読み込んでから、CDを聞いて解答してみましょう。

① Where is the speaker?
(A) At an airport
(B) In a factory
(C) On a plane
(D) On a ship

Ⓐ Ⓑ Ⓒ Ⓓ

② What is the problem?
(A) The flight is not smooth.
(B) The room is too crowded.
(C) The elevator is not working.
(D) There is smoke in the room.

Ⓐ Ⓑ Ⓒ Ⓓ

③ What has been temporarily restricted?
(A) Smoking in the toilets
(B) Speaking with the staff
(C) Talking to the customers
(D) Standing and walking

Ⓐ Ⓑ Ⓒ Ⓓ

①正解：(C) ★

最初の1文でthis is your captain speakingと言っていることから、(C)と(D)に正解を絞り込む。turbulence（乱気流；大荒れ）、fasten their seat belts、move to a higher elevation（高度を上げる）などから飛行機であることがわかり、(C)が正解。

「船長」もcaptainと表現するが、move to a higher elevationという表現と矛盾するので(D)は誤答。(A)は、飛行中なので不適切。(B)の工場に関する情報はどこにもない。

②正解：(A) ★★

we continue to have a little turbulenceからわかる「乱気流で飛行機が揺れていること」や、それに続くアナウンスから「このフライトはnot smooth（スムーズではない）」と言っている(A)が正解。
(B)は部屋（あるいは空間）に人が込み合っている状態だが、そのような情報はアナウンスにない。(C)は、機長のwe are requesting permission to move to a higher elevation（高度を上げる許可を求めているところです）にあるelevationとの引っかけ。(D)の「部屋から煙が上がっている」という情報もアナウンス中にはない。

③正解：(D) ★★

I ask at this time that everyone return to their seats and fasten their seat belts. This situation should be temporaryから、一時的に座席に着き、シートベルトをするように指示が出ていることがわかる。よって正解は、(D)のStanding and walkingだとわかる。これを聞き逃しても、But in the meantime we do ask that you refrain from moving about the craft.の1文からも正解を導き出すことができるだろう。
(A)のsmoking in the toiletsについては、現在の法律ではフライト中の喫煙自体がほぼ全面的に禁止されているので、常識的に考えても一時的な禁止事項としては不適切だとわかるが、こういった事実はともかく、アナウンス中で言及されていない話なので誤答である。

PART 4

> スクリプト 米

Questions 1 through 3 refer to the following announcement.
Ladies and gentlemen, ①this is your captain speaking. As you are aware, ②we continue to have a little turbulence. I ask at this time that everyone return to their seats and fasten their seat belts. ③This situation should be temporary, as we are requesting permission to move to a higher elevation. ③But in the meantime we do ask that you refrain from moving about the craft. We apologize for the inconvenience. If you have any problems or need any assistance, please speak to a flight attendant.

> スクリプトの訳

設問①〜③は次のアナウンスに関するものです。
ご搭乗の皆様、機長です。お気づきのように、少し乱気流が続いております。今はお席に戻り、シートベルトをお締めください。これは一時的なことで、現在、高度を上げる許可を求めています。ですが、今しばらくは機内を動き回らないようにお願いします。ご不便をおかけして申し訳ありません。お困りのことや何か必要なものがありましたら、乗務員までお申し付けください。

【設問・選択肢の訳】
①話し手はどこにいますか。
- (A) 空港に
- (B) 工場に
- ◯ (C) 飛行機に
- (D) 船に

②問題は何ですか。
- ◯ (A) このフライトがスムーズではない。
- (B) 部屋が込み過ぎている。
- (C) エレベータが作動していない。
- (D) 部屋から煙が上がっている。

③一時的に禁止されていることは何ですか。
- (A) トイレでの喫煙
- (B) スタッフと話す
- (C) 客に話しかける
- ◯ (D) 立ったり歩くこと

- ☐ aware　形 気づいて　　　　☐ turbulence　名 乱気流
- ☐ fasten　動 (ベルトなど) をしっかり締める
- ☐ temporary　形 一時的な　　☐ permission　名 許可
- ☐ elevation　名 高度
- ☐ in the meantime　今しばらくは；当面の間
- ☐ refrain from　〜を控える　☐ apologize　動 謝罪する
- ☐ inconvenience　名 不便；不都合　☐ assistance　名 支援；手伝い
- ☐ flight attendant　客室乗務員

PART 4

例題② メッセージ（留守番電話に残した伝言） CD 41

先読み練習

各設問・選択肢をしっかりと読み込んでから、CDを聞いて解答してみましょう。今回は先読み時間30秒以内を目標に、できるだけ早く読む練習をしましょう。

① Where does the speaker work?
(A) In an electronics store
(B) In a flower shop
(C) In a bookstore
(D) In a clothing store　　　　　Ⓐ Ⓑ Ⓒ Ⓓ

② When will the items become available?
(A) Later today
(B) In two days
(C) This week
(D) In two weeks　　　　　Ⓐ Ⓑ Ⓒ Ⓓ

③ According to the speaker, what has been offered?
(A) A free shirt
(B) An apology from the manager
(C) A 10 percent discount
(D) Free delivery　　　　　Ⓐ Ⓑ Ⓒ Ⓓ

Unit 6

①正解：(D) ★

「話し手がどこで働いているか？」が問われている。最初にthis is Michelle Christian from Gatsby Fashions.と言っていることから、ファッション関連だと推測して(D)に注目する。続いてthe two pairs of gray wool trousers that you have ordered are sold out（注文していただいたグレーのズボンは売り切れている）と言っているので、間違いなく(D)のIn a clothing storeだと確認できる。まずは質問をつかみ、「決め手になる語」を聞き取ることが重要だ。

②正解：(D) ★

いつ商品が「手に入るか？(available)」という質問。it will be a couple of weeks before our new stock arrives.（新商品が届くまでに２～３週間ほどかかります）やif you don't mind the two-week wait.（もし２週間待っていただけるなら）などから、最も適切なのは(D)だとわかる。
a couple of weeksは、「２～３週（間）」「２週（間）」「数週（間）」など、いろいろな訳を当てられるので、場合によりかなり差があるが、正確に言えない時や、あいまいにしておきたい時には便利な表現。
(A)は「今日、後になって」という意味でAre you available later today?（今日はこの後、空いていますか）のように使うことができる。

③正解：(C) ★★

offerは「～はどうでしょうか？」と相手にとってよい事を「提案する」「申し出る」という意味。最後から２文目でThe sales manager has offered to take ten percent off the price ... と言っているので(C)が正解。
ten percent off the priceは、10%を値段（the price）からoffする、つまり「10%値引く」ということで、TOEICはもちろん実際にもよく使われる表現なので、a 10% discountと共に覚えておこう。
(B)はメッセージ中にも出てくるmanagerという単語につられて引っかからないように注意。

PART 4

> スクリプト

Questions 1 through 3 refer to the following telephone message.

Hello, ①this is Michelle Christian from Gatsby Fashions. I'm calling to let you know that ①the two pairs of gray wool trousers that you have ordered are sold out and, unfortunately, ②it will be a couple of weeks before our new stock arrives. I would be very happy to maintain your order for the trousers, ②if you don't mind the two-week wait. ③The sales manager has offered to take ten percent off the price for any inconvenience this has caused you. Please call or come by sometime this week and let us know what you'd prefer to do.

> スクリプトの訳

設問①〜③は次の電話メッセージに関するものです。
こんにちは、ギャツビー・ファッションズのミシェル・クリスチャンです。ご注文いただいたグレーのウールのズボン2着が売り切れてしまったことをお知らせしようとお電話させていただいております。あいにく新しい商品が届くまでに2週間ほどかかります。2週間お待ちいただけるのでしたら、喜んでお取り置きさせていただきます。マネージャーがご迷惑をおかけしたおわびに10％割引をさせていただくと申しております。今週ご都合がよいときに、お電話かお立ち寄りいただき、どうされるかをお知らせくださいますよう、お願い申し上げます。

設問・選択肢の訳

①話し手はどこで働いていますか。
　(A) 電器店で
　(B) 花屋で
　(C) 本屋で
○ (D) 衣料品店で

②その商品はいつ入手できますか。
　(A) 今日後になって
　(B) 2日後
　(C) 今週
○ (D) 2週後

③話し手によれば、何が提案されていますか。
　(A) 無料のシャツ
　(B) マネージャーからのおわび
○ (C) 10％の割引
　(D) 無料配達

□ trousers　名 ズボン　※1着のズボンはa pair of trousers
□ unfortunately　副 残念なことに；あいにく
□ stock　名 在庫（品）　　　□ maintain　動 ～を維持する；持続する
□ offer　動 ～を申し出る；提示する　□ come by　立ち寄る
□ prefer　動 ～を好む
参考▶ prefer A to B　AをBより好む

PART 4

例題③ 広告（水族館の宣伝）

先読み練習

30秒間の間に先読みをする練習をしましょう。時間が来たら、全部に目を通すことができなくてもそこで切り上げて、CDをスタートして始めてください。

※実際の試験では、放送文が終了してから次の放送文が始まるまでの時間は40秒近くあります（各選択肢が読み上げられている時間を含む）。シートにマークする時間を差し引けば、先読みに使える時間は、最大30秒程度になります。

① How many shows are performed in a day?
(A) Seven
(B) Ten
(C) One hundred
(D) Two hundred and fifty

② According to the speaker, what activity can listeners do?
(A) Feed a shark
(B) Touch a dolphin
(C) Train marine animals
(D) Swim with sharks

③ When is Oceanland open?
(A) Every day
(B) Every day but Monday
(C) Monday through Thursday
(D) Friday, Saturday and Sunday

①正解：(C) ⭐

「1日に上演されるショーの数」が問われている。数に関する短い選択肢が並んでいるので「数字」に注意して聞こう。We offer a hundred different performances every day.（毎日100の異なるショーをしている）と言っていることから、(C)が正解。
(A)や(B)は、後のほうで営業時間を伝えているten to seven（10時から7時まで）や、最初にNow in it's 10th year ...（10周年を迎え）などに出てくる数字。(D)は、our 250-acre park has ...（250エーカーの園内には）に出てくる数字である。

②正解：(B) ⭐⭐

広告されている場所へ行けばできることは、This year you and your loved ones can feed the penguins, touch a dolphin and watch our trainers swim with sharks.の1文に出ている。すなわち、feed the penguins（ペンギンにエサをやる）、touch a dolphin（イルカにさわる）、watch our trainers swim with sharks（トレーナーがサメと泳ぐのを見る）の3つ。よって、そのうちの1つである(B)が正解。
(A)はfeed the penguins、(C)はtrainersとの混同を狙ったもの。(D)はサメと泳ぐのはトレーナーで、自分たちが一緒に泳げるわけではない。

③正解：(A) ⭐⭐

オーシャンランドの営業日が問われている。We're open daily, from ten to seven Monday through Thursday, and ten to ten Friday, Saturday and Sunday!から「毎日開いている」ことがわかるので、このdailyをEvery dayに言い換えた(A)が正解。
(B)のEvery day but Mondayは、月曜日以外は毎日という意味で、このbutはexcept（〜を除いて）と同じ意味。(C)と(D)は、それぞれ月〜木は10時〜7時、金土日は10時〜10時までと「営業時間」についての情報なので混同しないように注意しよう。

PART 4

(スクリプト) カ

Questions 1 through 3 refer to the following advertisement.
Bring your entire family to Oceanland! Now in it's 10th year, our 250-acre park has the country's largest variety of marine birds and animals. ①We offer a hundred different performances every day. Come see our seals, whales, sea turtles, jellyfish, giant squid, and other creatures from the deep. And there's more. ②This year you and your loved ones can feed the penguins, touch a dolphin and watch our trainers swim with sharks. ③We're open daily, from ten to seven Monday through Thursday, and ten to ten Friday, Saturday and Sunday! Make plans now to visit us soon, at Oceanland!

(スクリプトの訳)
設問①～③は次の広告に関するものです。
ご家族おそろいでオーシャンランドへお越しください。10周年を迎え、250エーカーの園内には国内で最も多種多様な海の鳥や動物がそろっています。毎日100の異なるショーをおこなっています。オットセイ、鯨、ウミガメ、クラゲ、巨大イカ、他に深海の生物などもぜひ見に来てください。それだけではありません。今年は、皆さんやご家族の方々は、ペンギンにエサを与えたり、イルカに触れたり、トレーナーがサメと泳ぐのを見たりしていただけます。営業は毎日、月曜～木曜は10時～7時まで、金土日は10時～10時まで開いています。今すぐオーシャンランドに行く計画を立てましょう！

(設問・選択肢の訳)
① 1日にいくつのショーが行われていますか。
- (A) 7
- (B) 10
- ○ (C) 100
- (D) 250

② 話し手によれば、聞き手はどんな活動ができますか。
- (A) サメに餌を与える
- ○ (B) イルカにさわる
- (C) 海洋動物をトレーニングする
- (D) サメと泳ぐ

③ オーシャンランドはいつ開いていますか。
- ○ (A) 毎日
- (B) 月曜以外の毎日
- (C) 月曜から木曜
- (D) 金曜、土曜、日曜

□ entire 形 全体の
□ variety of 多種多様な；いろいろな
□ performance 名 パフォーマンス；上演
□ creature 名 生き物
□ loved 形 最愛の
□ feed 動 ～に食物を与える；～を飼う
□ activity 名 活動

PART 4

練習問題

① What is the audience asked to do?
(A) Send a letter
(B) Change envelopes
(C) Make teaching materials
(D) Take a seat

Ⓐ Ⓑ Ⓒ Ⓓ

② Who is being addressed?
(A) Writers at a workshop
(B) Staff at a shop
(C) People in charge of training
(D) New employees

Ⓐ Ⓑ Ⓒ Ⓓ

③ What will Mr. Garrett do next?
(A) Talk about teaching skills
(B) Give a sales presentation
(C) Sign copies of his book
(D) Introduce the instructor

Ⓐ Ⓑ Ⓒ Ⓓ

練習問題 正解と解説

①正解：(D) ★

話し手が聞き手に対してお願い（ask）している部分に注意して聞き取ろう。2文目でPlease find your name card on the table and be seated. と聞き手にお願いをしている。このbe seatedをtake a seat（席につく）に言い換えた(D)が正解。

(A)はアナウンス中の単語envelope（封筒）から手紙を連想しないように注意。(B)もenvelopeからの引っかけ。(C)にあるteaching materialsは確かにアナウンス中に出てくるが、それを作るわけではないので誤答。

②正解：(C) ★★★

設問の意味はすぐにわかっただろうか。addressには「話しかける；（問題に）取り組む」などの意味がある。「誰が話しかけられているのか？」という設問でPART 4によく出る設問なので覚えておくこと。決め手になるのはyour teaching materialsとMr. Garrett here is about to teach you how to train your staff. の2カ所。teaching materials（教材）を使ってスタッフを訓練する方法を聞くわけなので、このセミナーに参加している人たちは、「スタッフの訓練（教育）担当者」で(C)が正解。in charge of（～担当）は必須表現なので確実に覚えておこう。

③正解：(A) ★★

Mr. Garrett here is about to teach you how to train your staff.から、「スタッフをトレーニングする方法」を話してくれることがわかるので、「Talk about teaching skills（教えるスキルについて話す）」と言い換えている(A)が正解。

(B)は、人前で話をするので確かにプレゼンテーションだが、その内容は「salespeopleの訓練法」であって、sales（売上・販売）自体に関するものではないことに注意。

PART 4

(スクリプト)   豪

Questions 1 through 3 refer to the following announcement.

Hello everyone, and welcome to the seminar. ①Please find your name card on the table and be seated. We provided you with an envelope containing all of ②your teaching materials and a questionnaire to be filled out later. Please have a look at the envelope contents and make sure you have all the materials. Now, ②③Mr. Garrett here is about to teach you how to train your staff. His original and effective method will give you many different ideas on training new employees to make them excellent salespeople. I hope you will make the most of this occasion.

(スクリプトの訳)

設問①~③は次のアナウンスに関するものです。
こんにちは、皆さん。そして当セミナーへようこそ。テーブルにある名札を見つけて、席についてください。教材一式と後ほど書いていただくアンケート用紙が中に入った封筒をお配りしてあります。封筒の中をご覧いただき、全教材が入っているかご確認ください。さて、ここにおりますギャレットさんが、これから皆さんにスタッフの教育法についてお話しします。ギャレットさん独自の効果的な手法は、新人を教育して優秀な営業マンにするための、さまざまなアイディアをもたらすでしょう。ぜひともこの機会をご活用ください。

練習問題 正解と解説

設問・選択肢の訳

① 聴衆は何をするように言われていますか。
- (A) 手紙を送る
- (B) 封筒を変更する
- (C) 教材を作る
- 🟠 (D) 席につく

② 誰が話しかけられていますか。
- (A) ワークショップにいる作家
- (B) 店舗スタッフ
- 🟠 (C) 訓練担当者
- (D) 新入社員

③ ギャレットさんは次に何をしますか。
- 🟠 (A) 教えるスキルについて話す
- (B) 販売のプレゼンを行う
- (C) 自分の本にサインをする
- (D) インストラクターを紹介する

- □ provide A with B　　AにBを提供する
- □ envelope　名 封筒　　　　□ contain　動 〜が入っている
- □ material　名 教材；資料
- □ questionnaire　名 アンケート；質問表
- □ fill out　記入する　　　　□ content　名 中身；入っているもの
- □ effective　形 効果的な　　□ method　名 方法
- □ address　動 話しかける；(問題に) 取り組む
- □ workshop　名 講習会；ワークショップ
- □ in charge of　〜担当

TOEIC頻出の職種や店舗をマスターしよう

📝 コラム — PART 4

ぜひ覚えておきたい職種や店舗をリストにしてあります。

👉 職種

- ☐ **architect** 建築家；設計者
- ☐ **pharmacist** 薬剤師
- ☐ **lab technician** 実験技術者；検査技師
- ☐ **mechanic** 機械工；修理工
- ☐ **plumber** 配管工
- ☐ **accountant** 会計士
- ☐ **auditor** 会計検査官
- ☐ **travel agent** 旅行業者
- ☐ **librarian** 図書館員
- ☐ **locksmith** 鍵屋
- ☐ **realtor** 不動産業者
- ☐ **flight attendant** 飛行機の乗務員
- ☐ **police officer** 警官
- ☐ **secretary** 秘書
- ☐ **receptionist** 受付係
- ☐ **security guard** 警備員
- ☐ **landlord** （男性の）家主　女性は**landlady**
- ☐ **sales representative** 営業担当者；販売員
- ☐ **lawyer** 弁護士
- ☐ **physician** 医者

👉 店舗

- ☐ **pizzeria** ピザ料理店
- ☐ **florist shop** 花屋
- ☐ **optician's shop** 眼鏡屋
- ☐ **bakery** パン屋
- ☐ **pharmacy** 薬局
- ☐ **clothing store** 衣料品店
- ☐ **shoe store** 靴屋
- ☐ **electronics store** 電器店
- ☐ **hair salon** 美容院
- ☐ **travel agency** 旅行代理店

Unit 7

スコアアップ POINT

POINT 4

スピーチ（ビジネスプレゼンテーション）

本来は、人前でする「まとまった話」のことはすべてプレゼンテーションと言います。ただし、ここではTOEIC対策のパターンとして、販売促進など「ビジネスに関する話」を指します。

「誰がプレゼンをしているのか？」「製品・サービスの種類」「数値」「問題点とその対応策」などに注意して聞きましょう。TOEIC最大の特徴とも言えるビジネス用語が数多く出てきますので、事前にしっかりとマスターしておく必要があります。

POINT 5

ツアーガイド（施設の案内）

ツアーガイドは「観光地、博物館、工場」などを案内する人が、参加者たちにツアーの内容を説明するものです。

放送文では、あいさつや自己紹介から始め、ツアーの開始から終了までのスケジュールと注意事項を説明していきます。

設問では「自由時間の後に再集合する場所・時刻」「ランチの時刻」「ツアーの終了時刻」「注意事項」といったことが問われます。

POINT 6

ニュース（天気予報）

天気予報では、あらかじめ設問・選択肢をチェックしておき、問われている「時間（日時、午前、午後なども含めて）」「地域」「天気（最高・最低気温、降水確率も含む）」の3点をセットで聞き取るようにします。天気に関係する、以下の基本単語を覚えておきましょう。

clear：晴れた	**shower**：にわか雨；夕立
drizzle：小雨	**temperature**：気温
degree：度	**precipitation**：降水量

PART 4

例題 ④ スピーチ（ビジネスプレゼンテーション） CD 44

先読み練習

30秒間の間に先読みをする練習をしましょう。時間が来たら、全部に目を通すことができなくてもそこで切り上げて、CDをスタートして始めてください。

① Who probably prepared this income report?
(A) The parts department staff
(B) The marketing department staff
(C) The construction division staff
(D) The accounting division staff　Ⓐ Ⓑ Ⓒ Ⓓ

② What product does the company sell?
(A) Auto parts
(B) Air conditioners
(C) Construction machinery
(D) Office machines　Ⓐ Ⓑ Ⓒ Ⓓ

③ What will the company probably do?
(A) Cut their workforce
(B) Increase their productivity
(C) Hire new accountants
(D) Develop new products　Ⓐ Ⓑ Ⓒ Ⓓ

①正解：(D) ★

「収益報告書を準備した人」が問われている。最初にAccording to the income report by our accounting division,と述べているので、(D)が正解。

According to（〜によると）はnewsやreportの出だしでもよく使われる頻出表現。accounting division（経理部［課］）も覚えておこう。(A)〜(C)の選択肢にも、放送文の中で聞こえてくる単語が使われているので、混同しないように注意。

②正解：(C) ★★

「この会社が販売している製品は何か？」を問われている。決め手になるのは2文目のThis figure is accounting for an anticipated 5 percent rise in our direct sales of new construction machineryの部分。つまり、「我が社が直販している新しい建設機械…」と言っていることから、(C)が正解となる。

その後、sales of replacement parts（交換部品の売上）の話が出てくるため、(A)と混同しないように注意したい。(B)に関する情報は放送文の中にない。(D)はmachineryとmachinesの引っかけ。

③正解：(B) ★★★

「会社が今後何をすると思われるか？」が問われている。This figure indicates that our parts department … should immediately begin expansion to address this anticipated increase in sales.の1文に注目しよう。すなわち、「販売増加の予想に対処するため、すぐに（生産の）拡大をすべきだ」と言っているので、正解は(B)。放送文に出てくるexpansionが選択肢ではincreaseに言い換えてある。

設問内容を把握していないと放送文中のaccountantやproductに惑わされ、(C)(D)に飛びついてしまう可能性がある。そうならないためにもPART 4では設問をしっかりと先読みし、何が問われているのかを明確にして放送文を聞く練習をしよう。

PART 4

(スクリプト) 英

Questions 1 through 3 refer to the following speech.

①According to the income report by our accounting division, our company can expect its overall sales to increase by approximately 15 percent during the coming year. ②This figure is accounting for an anticipated 5 percent rise in our direct sales of new construction machinery — which is approximately the same figure that our marketing department had quoted. Furthermore, the accountants have also reported an amazing 40 percent increase in sales of replacement parts for our previously sold construction machinery. ③This figure indicates that our parts department — including the parts shipping division — ③should immediately begin expansion to address this anticipated increase in sales.

(スクリプトの訳)
設問①〜③は次のスピーチに関するものです。
経理部からの収益報告書によると、我が社の売上全体が来年度は約15％伸びる見通しです。この数字は、新しい建設機械の直販において予想される5％の伸びを計上したものであり、マーケティング部門でもほぼ同じ数字を出していました。さらに会計士は、すでに販売済みの建設機械の交換部品の売上で40％もの増加があるとも予測しています。この数字からすると、部品部門は部品発送部門も含めて、今後予想される販売増加に対処するため、ただちに拡大を開始する必要がありそうです。

(設問・選択肢の訳)
①おそらく誰がこの収益報告書を準備しましたか。
　(A) 部品部門のスタッフ
　(B) マーケティング部門のスタッフ
　(C) 建設部門のスタッフ
○ (D) 会計部門のスタッフ

②何の製品をこの会社は売っていますか。
　(A) 自動車部品
　(B) エアコン
○ (C) 建設機械
　(D) オフィス用機械

③この会社はおそらく何をするでしょうか。
　(A) 人員を削減する
○ (B) 生産性を増大させる
　(C) 新しい会計士を雇う
　(D) 新商品を開発する

- □ income　名 所得；収入
- □ accounting division　経理部[課]
- □ overall　形 全体的な
- □ approximately　副 約；およそ
- □ figure　名 数字
- □ account for　～を計上する　(「～を説明する」の意味も重要)
- □ anticipated　形 予想された
- □ direct sales　直販
- □ construction machinery　建設機械
- □ quote　動 ～を見積もる；引用する
- □ furthermore　副 さらに；その上
- □ replacement　名 交換
- □ previously　副 以前に
- □ indicate　動 ～を指し示す；表す
- □ expansion　名 拡大
- □ address　動 (問題などに) 取り組む；対処する
- □ workforce　名 人員；労働力
- □ productivity　名 生産性
- □ develop　動 ～を開発する

PART 4

例題⑤ ツアーガイド（施設の案内）

先読み練習

30秒間の間に先読みをする練習をしましょう。時間が来たら、全部に目を通すことができなくてもそこで切り上げて、CDをスタートして始めてください。

① Where is this talk most likely taking place?
(A) In a library
(B) In a sports center
(C) In a movie theater
(D) In a nature center

Ⓐ Ⓑ Ⓒ Ⓓ

② What does the speaker say about the groups?
(A) Group A start with lunch first.
(B) Group B will watch the movie first.
(C) Both groups go up to the mountains.
(D) They never meet each other till the end.

Ⓐ Ⓑ Ⓒ Ⓓ

③ When is this tour supposed to end?
(A) 12:30
(B) 1:00
(C) 2:30
(D) 4:00

Ⓐ Ⓑ Ⓒ Ⓓ

①正解：(D) ★★

「どこで行われていそうなガイドか？」という質問だが、最初にwelcome to WoodWorld Park、と言っているので、まず(A)を除外できるだろう。続けて各グループの活動内容を聞いていくと、the House of Animals and Plants from the Woods（森の動物や植物館）、a movie about the ecosystem of mountains and seas（山と海の生態系に関する映画）などから、(D)の自然センターが最も適切な解答だと推測できる。
movieという単語が繰り返し出てくるので、(C)の映画館に引っかからないように注意したい。

②正解：(B) ★★

「各グループについて何と言われているか？」に注目しよう。話し手は、まずグループを2つに分け、それぞれのグループがどう行動するかを述べている。グループAの行動順はthe House→lunch→movieなので(A)は誤答。グループBはstart with the movieとあるように、映画から始まるので、(B)が正解である。Bは、その後、lunch→the Houseの順序になっている。(D)はAll of you will have a chance to meet each other at the restaurant.（皆さんはレストランで会いますよ）と相反する内容なので誤答となる。

③正解：(C) ★★

ツアーが終了する予定時刻は、最後から2文目でThis tour will take about four hours, so everyone will meet back here, at the entrance, at around two thirty.と言っていることから、「このツアーは今から4時間かかり、2時半ごろに終わる予定」だとわかる。
(A)の12時半はランチの時間、(B)と(D)はそれぞれ、ランチに1時間かかることや、ツアーに4時間かかることとの混同をねらったものである。

PART 4

(スクリプト) カ

Questions 1 through 3 refer to the following guidance.
Good morning and welcome to WoodWorld Park. We have divided you into two groups. Group A will visit ①the House of Animals and Plants from the Woods first, and have lunch at the restaurant near the lake at about twelve thirty. After the one-hour lunch, ①you'll watch a movie about the ecosystem of mountains and seas. ②Group B will start with the movie, then lunch and finally the House of Animals and Plants. All of you will have a chance to meet each other at the restaurant. ③This tour will take about four hours, so everyone will meet back here, at the entrance, at around two thirty. Any questions?

(スクリプトの訳)
設問①〜③は次の案内に関するものです。
おはようございます。ウッドワールド・パークへようこそ。皆さんを2つのグループに分けました。グループAは、まず森の動植物館へ行き、12時半ごろに湖のそばのレストランで昼食をとります。1時間で食事をした後、山と海の生態系に関する映画をご覧いただきます。グループBは映画からスタートし、それから昼食、最後に動植物館となります。皆さんはお互いにレストランで再会することになります。このツアーは約4時間かかりますので2時半ごろ、この入り口へ戻って集合となります。何かご質問はありますか。

(設問・選択肢の訳)
①このガイドはどこで行われていそうですか。
　　(A) 図書館で
　　(B) スポーツセンターで
　　(C) 映画館で
○ (D) 自然センターで

②話し手は、グループについて何と言っていますか。
　　(A) グループAはランチから始める。
○ (B) グループBは映画を最初に見る。
　　(C) 両グループとも登山をする。
　　(D) 彼らは最後までお互いに会わない。

③このツアーはいつ終わる予定ですか。
　　(A) 12時半
　　(B) 1時
○ (C) 2時半
　　(D) 4時

☐ divide A into B　　AをBに分ける
☐ ecosystem　　名 生態系
☐ entrance　　名 入り口；エントランス
☐ take place　　行われる
☐ suppose　　動 想定する；推定する

例題⑥ ニュース（天気予報）

先読み練習

30秒間の間に先読みをする練習をしましょう。時間が来たら、全部に目を通すことができなくてもそこで切り上げて、CDをスタートして始めてください。

① According to the report, what is today's weather like?
(A) Sunny
(B) Rainy
(C) Snowy
(D) Windy

Ⓐ Ⓑ Ⓒ Ⓓ

② Where will it be rainy tomorrow afternoon?
(A) Southern Dorchester
(B) Middle Dorchester
(C) Northern Dorchester
(D) Both northern and southern Dorchester

Ⓐ Ⓑ Ⓒ Ⓓ

③ What is the chance of rain in the middle and north areas?
(A) 20%
(B) 30%
(C) 50%
(D) 70%

Ⓐ Ⓑ Ⓒ Ⓓ

①正解：(B) ★★

「今日の天気」に関する情報を聞き取ろう。2文目のWe expect the rain to continue till late this afternoon or tonight,から「雨は今日の午後遅くから夜にかけてまで降り続く」ことがわかるので(B)が正解。expect A to ...（Aが〜すると予期する）は重要表現なので覚えておこう。

天気を表現する他の単語も一緒に覚えておこう。選択肢にある単語以外でTOEICの天気予報問題によく出るものには、stormy（嵐の；荒々しい）、frosty（霜の降りた；とても寒い）などがある。

②正解：(A) ★★★

明日の午後雨になるのは、4文目のIn the south area of Dorchester, it'll be mostly sunny except for occasional showers during the morning, but in the afternoon it'll start raining again.という部分が決め手になる。すなわち、(A)の南部ドーチェスターが正解。

短めの選択肢なので、パッと見て「南部や北部の聞き分けだな」と心の準備をしておくことが大切になる。選択肢は、そういう意味ではヒントを与えてくれている味方だと考えよう。(D)にあるboth A and B（AとBの両方とも）も必須の表現なので、しっかり覚えておこう。

③正解：(D) ★★★

まず注目すべきは、最後から3文目のIn the middle and north areas,の部分で、ここから、設問で問われているmiddle and north areas,についての情報が始まる。その次の文中にあるwith a 70 percent chance of rainの部分を聞き取ろう。よって正解は、(D)の70％。

(A)(B)は、それぞれ最低気温と最高気温の数字なので、早合点しないように注意したい。

chance of rainは「降水確率」のことで、precipitation percentageと表現することもできる。少し難しい単語だがrainの代わりにprecipitationを使う場合もあるので一緒に覚えておこう。

最後の1文にThe next weather report will be at seven this evening.とあるように、天気予報やニュースでは、最後に次回の放送予定がアナウンスされることもあり、この場合には3番目の設問で、次回の放送時刻を問われることも多い。

PART 4

> (スクリプト)　　　　　　　　　　　　　　　　　　　　　　　　　　　豪

Questions 1 through 3 refer to the following weather report.
Hello, I'm Patrick Hart and here's the weather report for Dorchester. ①We expect the rain to continue till late this afternoon or tonight, but it'll be mostly sunny tomorrow morning. The high temperature will reach 30, with a low of 20. ②In the south area of Dorchester, it'll be mostly sunny except for occasional showers during the morning, but in the afternoon it'll start raining again. ③In the middle and north areas, the skies will remain clear for most of the day. The morning after tomorrow, however, the weather will start to get cloudy ③with a 70 percent chance of rain. So this weekend doesn't look very good. The next weather report will be at seven this evening.

> (スクリプトの訳)

設問①〜③は次の天気予報に関するものです。
こんにちは、パトリック・ハートがドーチェスターの天気予報をお届けします。この雨は午後遅くから夜にかけてまで続く模様ですが、明日の朝はほぼ晴れるでしょう。最高気温は30度、最低気温は20度です。ドーチェスター南部では、明日はにわか雨を除けば午前中はほぼ晴れるでしょう。ただし、午後には再び雨となります。中部と北部では、ほぼ1日中晴れるでしょう。しかし、明後日の朝からは曇りはじめ、降水確率は70％です。したがって週末のお天気はあまりよくないようです。次の天気予報は今夜7時からです。

(設問・選択肢の訳)

① レポートによると今日の天気はどうですか。
- (A) 晴れ
- 〇 (B) 雨
- (C) 雪
- (D) 風が強い

② 明日の午後雨になるのはどこですか。
- 〇 (A) 南部ドーチェスター
- (B) 中部ドーチェスター
- (C) 北部ドーチェスター
- (D) 北部と南部ドーチェスター

③ 中部と北部の雨の確率はいくらですか。
- (A) 20 %
- (B) 30 %
- (C) 50 %
- 〇 (D) 70 %

- □ expect　動 予期する；予想する
- □ temperature　名 気温
- □ except for　～を除いて
- □ showers　名 にわか雨
- □ morning after tomorrow　明後日の朝
- □ continue　動 続く
- □ area　名 地域
- □ occasional　形 時々の
- □ remain　動 ～のままである

PART 4

練習問題

① Who is the speaker?
(A) A radio announcer
(B) A movie actor
(C) A screenwriter
(D) A film director

Ⓐ Ⓑ Ⓒ Ⓓ

② What most likely is the speaker's latest work?
(A) A documentary
(B) A fantasy
(C) A drama
(D) A comedy

Ⓐ Ⓑ Ⓒ Ⓓ

③ When does the movie start in Tokyo?
(A) Next week
(B) Next month
(C) On Friday
(D) On Saturday

Ⓐ Ⓑ Ⓒ Ⓓ

練習問題 正解と解説

① 正解：(D) ★★

Who is the speaker?と「話し手の職業を問う問題」は、第一の設問として頻出であることを覚えておこう。3文目でI've recently finished directing my latest movieと言っていることから、映画を監督することが仕事、つまり(D)の「映画監督」であることがわかる。
(A)はラジオ番組に出ていることから混同しないように注意。(B)は、一緒に仕事をした俳優について話しているが、自分自身は映画俳優ではないので誤答。(C)はシナリオライターのことで、他にはscenario writer、scenaristのようにも表現できる。

② 正解：(C) ★★★

latest work、すなわち話し手の「最新の作品」が何かを問われている。監督は直接映画について述べてはいないが、Ira Kaneという俳優の話をしている中で、In my film you'll see him make a fantastic debut as a dramatic actor.と言っている。つまりこの俳優がdramaticに演じている映画であることから推測して、(C)のdramaが正解だとわかる。(A)や(B)に関する情報はない。(D)は、この俳優がcomedianとして有名だという情報との混同をねらったもの。

③ 正解：(C) ★

「東京で映画が公開されるのはいつか？」が問われている。決め手は最後から3文目の、You'll have a chance to see for yourself this Friday when the film opens here in Tokyo.である。このthe film opensが選択肢ではthe movie startsと言い換えられており、正解は(C)の金曜日だとわかる。決め手となるこの1文に出てくるwhenは関係副詞で、when以降に続く内容は、先行詞のthis Fridayが何の日かを具体的に説明したもの。

スクリプト 米

Questions 1 through 3 refer to the following talk.

Thank you for the introduction, Parker. It's great to be back on your radio program. Yes, ①I've recently finished directing my latest movie, *Heaven's Heartbreak*. I had the honor of working

PART 4

with Ira Kane, who you probably know better for his comedies. ②In my film you'll see him make a fantastic debut as a dramatic actor. ③You'll have a chance to see for yourself this Friday when the film opens here in Tokyo. Last month audiences in L.A. were standing and applauding at the film's final touching scene. I think you'll really like it.

(スクリプトの訳)

設問①～③は次の話に関するものです。

パーカーさん、ご紹介ありがとう。またこのラジオ番組に出ることができて嬉しいです。そう、最近*Heaven's Heartbreak*という新作映画を撮り終えたところなのです。光栄にもアイラ・ケインと共に仕事ができました。皆さんはコメディー作品でのほうが彼をよくご存知かもしれません。私の映画では、ドラマティックな俳優として華々しくデビューした彼をご覧になることでしょう。今週の金曜日に、ここ東京で公開されるので、ぜひご覧になってください。先月LAでは、最後の感動的なシーンで観客の皆さんが立ち上がって拍手喝さいしてくださいました。きっと皆さんにも気に入っていただけると思いますよ。

(設問・選択肢の訳)

①話し手は誰ですか。
 (A) ラジオのアナウンサー
 (B) 映画俳優
 (C) シナリオライター
○ (D) 映画監督

②話し手の最新の作品はおそらく何だと思われますか。
 (A) ドキュメンタリー
 (B) ファンタジー
○ (C) ドラマ
 (D) コメディー

練習問題 正解と解説

③この映画は東京ではいつ公開されますか。
(A) 来週
(B) 来月
◯ (C) 金曜日
(D) 土曜日

□ introduction 名 紹介
□ latest 形 最新の
□ applaud 動 拍手喝さいする
参考▶ standing ovation　スタンディング・オベーション
　　　　※立ち上がって拍手喝さいすること。
□ touching 形 感動的な

□ direct 動 監督する
□ honor 名 光栄；名誉

模擬試験——問題

- 学習の仕上げとして模擬試験に挑戦しましょう。
- 解答は巻末の「解答用紙」を切り取って利用するか、各問題のそばにある選択肢マーク（本試験にはありません）を利用してください。
- TOEIC本試験では、問題用紙および解答用紙へのメモなど、書き込みはすべて不正行為として禁止されていますので注意してください。
- LISTENING TESTの英文説明では試験時間は約45分となっています（本試験と同じ形式で収録してあります）が、この模擬試験はハーフサイズの50問で構成されているので、試験時間は約25分間です。

模擬試験は**CD-48**からスタートします。

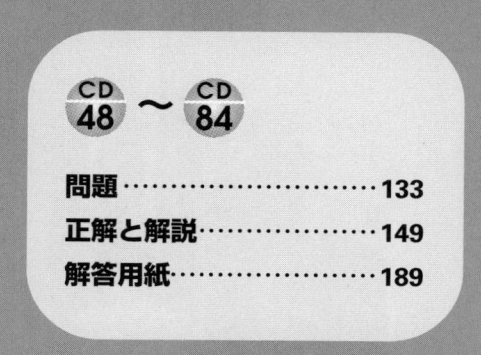

CD 48 ～ CD 84

問題 ……………… 133
正解と解説 ……………… 149
解答用紙 ……………… 189

The TOEIC test directions are reprinted by permission of Educational Testing Service, the copyright owner. However, the test questions and any other testing information are provided in their entirety by J Research Press. No endorsement of this publication by Educational Testing Service should be inferred.

LISTENING TEST

In the Listening test, you will be asked to demonstrate how well you understand spoken English. The entire Listening test will last approximately 45 minutes. There are four parts, and directions are given for each part. You must mark your answers on the separate answer sheet. Do not write your answers in the test book.

PART 1

Directions: For each question in this part, you will hear four statements about a picture in your test book. When you hear the statements, you must select the one statement that best describes what you see in the picture. Then find the number of the question on your answer sheet and mark your answer. The statements will not be printed in your test book and will be spoken only one time.

Example   **Sample Answer** (A) (B) ● (D)

Statement (C), "They're standing near the table," is the best description of the picture, so you should select answer (C) and mark it on your answer sheet.

模擬試験　PART 1

1.

Ⓐ Ⓑ Ⓒ Ⓓ

2.

Ⓐ Ⓑ Ⓒ Ⓓ

GO ON TO THE NEXT PAGE

3.

Ⓐ Ⓑ Ⓒ Ⓓ

4.

Ⓐ Ⓑ Ⓒ Ⓓ

136

模擬試験　PART 1

5.

Ⓐ Ⓑ Ⓒ Ⓓ

GO ON TO THE NEXT PAGE

PART 2

Directions: You will hear a question or statement and three responses spoken in English. They will be spoken only one time and will not be printed in your test book. Select the best response to the question or statement and mark the letter (A), (B), or (C) on your answer sheet.

Example   **Sample Answer** Ⓐ ● Ⓓ

You will hear: Where is the meeting room?

You will also hear: (A) To meet the new director.
　　　　　　　　　(B) It's the first room on the right.
　　　　　　　　　(C) Yes, at two o'clock.

The best response to the question "Where is the meeting room?" is choice (B), "It's the first room on the right," so (B) is the correct answer. You should mark answer (B) on your answer sheet.

6. Mark your answer on your answer sheet.　Ⓐ Ⓑ Ⓒ
7. Mark your answer on your answer sheet.　Ⓐ Ⓑ Ⓒ
8. Mark your answer on your answer sheet.　Ⓐ Ⓑ Ⓒ
9. Mark your answer on your answer sheet.　Ⓐ Ⓑ Ⓒ
10. Mark your answer on your answer sheet.　Ⓐ Ⓑ Ⓒ
11. Mark your answer on your answer sheet.　Ⓐ Ⓑ Ⓒ
12. Mark your answer on your answer sheet.　Ⓐ Ⓑ Ⓒ
13. Mark your answer on your answer sheet.　Ⓐ Ⓑ Ⓒ
14. Mark your answer on your answer sheet.　Ⓐ Ⓑ Ⓒ
15. Mark your answer on your answer sheet.　Ⓐ Ⓑ Ⓒ
16. Mark your answer on your answer sheet.　Ⓐ Ⓑ Ⓒ
17. Mark your answer on your answer sheet.　Ⓐ Ⓑ Ⓒ
18. Mark your answer on your answer sheet.　Ⓐ Ⓑ Ⓒ
19. Mark your answer on your answer sheet.　Ⓐ Ⓑ Ⓒ
20. Mark your answer on your answer sheet.　Ⓐ Ⓑ Ⓒ

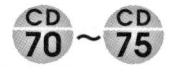

PART 3

Directions: You will hear some conversations between two people. You will be asked to answer three questions about what the speakers say in each conversation. Select the best response to each question and mark the letter (A), (B), (C), or (D) on your answer sheet. The conversations will be spoken only one time and will not be printed in your test book.

21. What is the woman asking about?
    (A) The price of a yearly membership
    (B) The method of paying a bill
    (C) The sign-up for a photography class
    (D) The schedule of a delivery

22. What does the man decide to do?
    (A) Come back in six months
    (B) Sign up for the next class
    (C) Make monthly payments for a half-year
    (D) Wait until the sale starts

23. When will the man get the first statement?
    (A) Within two weeks
    (B) In six months
    (C) In twelve months
    (D) On May 31

GO ON TO THE NEXT PAGE

24. Why is the woman surprised?
    (A) The man returned early from vacation.
    (B) The man should be in a different country.
    (C) The man is starting his own company.
    (D) The man has changed his appearance.

    Ⓐ Ⓑ Ⓒ Ⓓ

25. How long has the man been in Paris?
    (A) Approximately three weeks
    (B) Approximately one month
    (C) About six months
    (D) About two years

    Ⓐ Ⓑ Ⓒ Ⓓ

26. Where will the woman go next month?
    (A) To Manila
    (B) To Paris
    (C) To Tokyo
    (D) To Philadelphia

    Ⓐ Ⓑ Ⓒ Ⓓ

27. What are the speakers mainly talking about?
    (A) When to hire temporary help
    (B) When to order some merchandise
    (C) Where to meet new members
    (D) Where to store some items

28. What does the woman say about room C?
    (A) The man should use it.
    (B) It's smaller than A, B and D.
    (C) It's used for meetings.
    (D) It has enough room.

29. What will the man probably do next?
    (A) Have a meeting
    (B) Clean up the rooms
    (C) Bring in his stuff
    (D) Greet the woman's partner

GO ON TO THE NEXT PAGE

30. What happened to the parking project?
   (A) A company was taken over.
   (B) The project was canceled.
   (C) The designs for a new project were lost.
   (D) An employee stopped working on a project.

   Ⓐ Ⓑ Ⓒ Ⓓ

31. Who completed the latest designs?
   (A) Katrina
   (B) Joseph
   (C) The man
   (D) The woman

   Ⓐ Ⓑ Ⓒ Ⓓ

32. What does the woman want to do?
   (A) Give Joseph another project
   (B) Take over Joseph's work
   (C) Change Katrina's schedule
   (D) Work with a new employee

   Ⓐ Ⓑ Ⓒ Ⓓ

33. What are the speakers mainly talking about?
    (A) A commercial for a new movie
    (B) An employee's promotion to a new position
    (C) A product's advertising campaign
    (D) An applicant's interview   Ⓐ Ⓑ Ⓒ Ⓓ

34. What did the company do previously?
    (A) Used many TV and radio commercials
    (B) Recruited applicants at sporting events
    (C) Hired a celebrity spokesperson
    (D) Changed the product name   Ⓐ Ⓑ Ⓒ Ⓓ

35. What type of item is the company most likely selling?
    (A) Cosmetic and hair-care products
    (B) A sports product
    (C) An electronics product
    (D) A travel product   Ⓐ Ⓑ Ⓒ Ⓓ

GO ON TO THE NEXT PAGE

PART 4

Directions: You will hear some short talks given by a single speaker. You will be asked to answer three questions about what the speaker says in each short talk. Select the best response to each question and mark the letter (A), (B), (C), or (D) on your answer sheet. The talks will be spoken only one time and will not be printed in your test book.

36. What type of business has been reached?
    (A) A pizzeria
    (B) A florist
    (C) A bakery
    (D) A pharmacy

37. How late is the business open on Monday?
    (A) 8:00 P.M.
    (B) 10:00 P.M.
    (C) 11:00 P.M.
    (D) 12:00 A.M.

38. Why does the message suggest visiting their website?
    (A) To find a store location
    (B) To check prices
    (C) To order additional items
    (D) To report an emergency

39. Who is probably speaking?
    (A) A personnel manager
    (B) A sales representative
    (C) An exercise instructor
    (D) A medical doctor

    Ⓐ Ⓑ Ⓒ Ⓓ

40. When will this program take place?
    (A) On Mondays
    (B) On Tuesdays
    (C) On Wednesdays
    (D) On Thursdays

    Ⓐ Ⓑ Ⓒ Ⓓ

41. What will the speaker probably do next?
    (A) Change some activities
    (B) Cook healthier foods
    (C) Heat up the classroom
    (D) Begin with warm-up stretches

    Ⓐ Ⓑ Ⓒ Ⓓ

GO ON TO THE NEXT PAGE

42. Who is the speaker?
(A) A supermarket owner
(B) A waitress
(C) A chef
(D) A restaurant critic

43. What does the speaker say about the food?
(A) It is all made with healthy oil.
(B) It is all made with organic ingredients.
(C) All dishes are vegetarian.
(D) All dishes are Italian.

44. What does the speaker ask for?
(A) A dining companion
(B) A few moments
(C) An appetizer order
(D) A drink menu

45. What does Dr. Auburn do?
   (A) She is a journalist.
   (B) She is a magazine editor.
   (C) She is a restaurant owner.
   (D) She is a health and fitness expert. Ⓐ Ⓑ Ⓒ Ⓓ

46. What is the topic of Dr. Auburn's talk?
   (A) Nutrition and diet advice
   (B) Aging and exercise
   (C) Tips for busy managers
   (D) Shopping on a budget Ⓐ Ⓑ Ⓒ Ⓓ

47. What will Dr. Auburn do following her talk?
   (A) Demonstrate some simple steps
   (B) Sign books
   (C) Attend a reception
   (D) Answer questions Ⓐ Ⓑ Ⓒ Ⓓ

GO ON TO THE NEXT PAGE

48. What type of business is this company?
 (A) A car repair shop
 (B) A truck manufacturer
 (C) An airplane maker
 (D) A chemical company

49. What is necessary for this position?
 (A) The skill to work alone
 (B) A driver's license
 (C) Ten years of experience
 (D) Sales experience

50. Where might the successful applicant work?
 (A) In Saudi Arabia
 (B) In Brazil
 (C) In the UK
 (D) In Canada

This is the end of the Listening test.

模擬試験　正解と解説

PART 1（全5問）

1. 正解：(B) ★★ カ　　CD-49

男性はメガネをかけているので正解は(B)。メガネはa pair of glassesとも言う。(D)のput onは服などを「身につける；着る」という意味があるが、**be putting onは、いま身に付けているところだという「動作」を表現する**ため誤答。The man is wearing a white shirt.（男性は白いシャツを着ている）なら、「着ている」状態を表すので正解になる。

(スクリプト)
(A) The man is taking a note.
○ (B) The man is wearing glasses.
(C) The man is looking at his hands.
(D) The man is putting on a white shirt.

(スクリプトの訳)
(A) 男性はメモを取っている。
○ (B) 男性はメガネをかけている。
(C) 男性は自分の手を見ている。
(D) 男性は白いシャツを着ているところである。

□ take a note　メモを取る　　□ wear glasses　メガネをかける

2. 正解：(A) ★ 豪　　CD-50

人も車も少ない静かそうな通りの写真なので、(A)が正解。交通量が多い場合はheavyを使って、**The traffic is heavy.**のように表現できる。(C)は、車が駐車されているのかどうかはわからないが、**両側（both sides）**とあるので明らかに誤答。道路を「横切っている（crossing）」人はいないので(D)は誤答。

(スクリプト)
○ (A) The traffic is very light.
(B) The street is full of tourists.

149

(C) Cars are parked along both sides.
(D) Some people are crossing the road.

スクリプトの訳
- (A) 交通量はとても少ない。
- (B) 通りは観光客で込んでいる。
- (C) 車が両側に駐車してある。
- (D) 何人かは道路を渡っている。

- □ traffic 名 交通（量）
- □ park 動 駐車する
- □ be full of ～でいっぱいで
- □ along 前 ～に沿って

3. 正解：(C) CD-51

男性1人と女性3人が並んで立っている（standing side by side）ので(C)が正解。男性が一番長身なので(A)は誤答。男性は花から一番離れて立っているので(B)は誤答。(D)のメガネをかけた女性は、むしろ一番背が低い（shortest）ので誤答である。人が数人の場合は「誰のことか」「誰と比べてどうか」をしっかり聞くようにしよう。(B) next to（～の隣に）や(D) the woman with [wearing] glasses（眼鏡をかけた女性）はTOEIC頻出表現。

スクリプト
- (A) The women are taller than the man.
- (B) The man is next to the flowers.
- (C) They are standing side by side.
- (D) The woman with glasses is the tallest.

スクリプトの訳
- (A) 女性たちは男性よりも背が高い。
- (B) 男性は花の隣にいる。
- (C) 彼らは並んで立っている。
- (D) 眼鏡をかけた女性は最も背が高い。

- □ next to ～の隣に
- □ side by side 横に並んで

4. 正解：(B) ★★★ 英　　　CD-52

人々の後ろ姿、海か湖かは不明だが「水面」があり、遠くに建物が見えているので(B)が正解。overlook（〜に面する）を使った「建物が何かに面している」という表現は少し難しいがよく出題されるので覚えておこう。(A)の写真を撮っている人や(C)の泳いでいる人は写真に写っていない。遠くに見える大きな家の後方には木が見えるが「山に囲まれている」わけではないので(D)は誤答。

▶ スクリプト
(A) People are taking pictures.
○ (B) The buildings overlook the water.
(C) Some people are swimming in the lake.
(D) The houses are surrounded by mountains.

▶ スクリプトの訳
(A) 人々は写真を撮っている。
○ (B) 建物は水に面している。
(C) 何人かが湖で泳いでいる。
(D) 家は山に囲まれている。

□ overlook　動 〜に面する；見落とす　□ surround　動 〜を取り囲む

5. 正解：(D) ★★★ 米　　　CD-53

少年がノートパソコンを使って何かをしているので、(D)が正解。workは「作業」や「勉強」をしている様子を表現できる。(A)のwalkingをworkingと聴き間違えないように注意したい。(C)のplaying the keyboardは「（音楽の）キーボードを演奏する」の意味なので、ここでは不適切となる。

▶ スクリプト
(A) The boy is walking toward his computer.
(B) The boy is making a telephone call.
(C) The boy is playing the keyboard.
○ (D) The boy is working on his laptop.

スクリプトの訳
(A) 少年はコンピュータの方へ歩いている。
(B) 少年は電話をかけている。
(C) 少年はキーボードを演奏している。
○ (D) 少年はノート型パソコンで作業をしている。

□ work on　〜に取り組む　　　□ laptop　名ノート型パソコン

PART 2（全15問）

6. 正解：(C)　★　米 → 英　　　CD-55

Whereで始まる「場所」を尋ねる質問に対し、「メルボルンにある支社へ」と答えている(C)が正解。(A)は「日数」を答えているので誤答。(B)の I was stuckは聞き取りにくいかもしれないが、be stuck at ...で「〜で足止めになる；身動きが取れなくなる」という使い方をよくするので覚えておこう。

スクリプト
Where did you go on your recent business trip?
(A) Four days, altogether.
(B) I was stuck at the airport for three hours.
○ (C) To the branch in Melbourne.

スクリプトの訳
先日の出張では、どこへ行ったのですか。
(A) 全部で4日です。
(B) 空港で3時間足止めになりました。
○ (C) メルボルンの支社です。

□ altogether　副全部で
□ be [get] stuck　動けなくなる；行き詰る
□ branch　名支店；支社　※branch officeと同じ。

7. 正解：(A) ★★ カ → 豪　CD-56

「注文したイスが届いたかどうか？」を尋ねている。質問文は、Have the chairs (we ordered last week) arrived?と（　）でくくると、「イス（私たちが先週注文した）は届いたか？」という疑問文になっているのがわかりやすくなるだろう。正答(A)のThey have,は、続くarrivedを省略したもの。(B)は、「注文した数」を質問された場合の返答になる。(C)は「誰が注文したのか？」と質問された場合の返答になる。

スクリプト
Have the chairs we ordered last week arrived?
- (A) They have, and they're being unpacked right now.
- (B) We've ordered ten of the same model.
- (C) I think Patricia ordered them.

スクリプトの訳
先週我々が注文したイスは届きましたか。
- (A) 届きました。今、包みをほどいているところです。
- (B) 同じ型を10脚注文しました。
- (C) パトリシアが注文したと思います。

□ unpack　動（包みなど）を解く

8. 正解：(A) ★ 英 → 米　CD-57

「紅茶または何か別の飲み物がいるか？」を尋ねる、A or Bという形の質問になっている。それに対してsounds goodを使い、「コーヒーがいいですね」と答えている(A)が正答。(B)は、How soon ...?（どれくらいで〜）や、When ...? など、「時間」に関する質問に対する返答である。(C)は、sheが誰のことを指しているか不明な上に、「紅茶か何か持ってきましょうか？」という問いかけに対する返答にもなっていない。

スクリプト
Can I get you some tea or something else?
- (A) A cup of coffee sounds good.
- (B) In an hour or two.

(C) No, she left without it.

(スクリプトの訳)
紅茶か何かをお持ちしましょうか。
○ (A) 1杯のコーヒーがいいです。
 (B) 1、2時間後に。
 (C) いいえ、彼女はそれを持たずに出ました。

9. 正解：(B) ★ 豪→カ　CD-58

How about inviting ...まで聞き取れるかがポイント。「招待してはどうか？」と言っているので、提案に対する決まり文句である(B)のthat's a good idea（それはいいですね）が正解。(A)は、Did [Didn't] you invite ...?に対する応答。(C)は質問文と同じeventという単語が出てくる時点で引っかけの可能性を考慮しておこう。招待してはどうかと、これから先の話をしているのに、It was a very successful event.という「過去形」で答えているので誤答である。

(スクリプト)
How about inviting Dr. Chen to the event?
 (A) No, I didn't.
○ (B) Oh, that's a good idea.
 (C) It was a very successful event.

(スクリプトの訳)
チェン博士をそのイベントに招待してはどうですか。
 (A) いえ、私はしませんでした。
○ (B) それはいい考えですね。
 (C) それは大成功のイベントでした。

□ invite（人）to （人）を〜に招待する
□ successful 形 成功した
参考▶success 名 成功　succeed 動 成功する

10. 正解：(A) ★ カ→米　CD-59

質問Why don't you (we) ...?は、「提案・勧誘」の場合と「〜しない理由を

模擬試験＜正解と解説＞ PART 2

尋ねる」の場合がある。文脈から、この質問は「休憩をとりませんか？」と提案をしていると判断できる。それに対して、「疲れていません」と答えている(A)が正解。「まだ疲れていないので、このまま続けよう」という意味合いを込めている。(B)は質問のbreak（壊れる）からrepair（修理する）の連想を誘う引っかけ。(C)も質問と同じdon'tに注意したい。

スクリプト

Why don't we take a short break?
- ○ (A) I'm not tired.
- (B) I can repair it.
- (C) No, I don't mind.

スクリプトの訳

少し休憩をとりませんか。
- ○ (A) 疲れていません。
- (B) 私が修理できます。
- (C) いいえ、かまいません。

□ take a break　休憩する

11. 正解：(A) ★★★　米 → 豪　CD-60

Wouldn't ...で始まっていても、Would ...で始まっていても答え方は同じなので、Wouldの疑問文として考えるとわかりやすい。Wouldn't itのitは、to take the train（電車に乗ること）を指す。「タクシーでなく、電車で行くほうが安いのでは？」と言っているのに対し、「時間がかかり過ぎなければ、それで結構です」と答えている(A)が正答。(B)は、Shall we leave now?（今出ましょうか？）などに対する応答。(C)はA or Bの質問に対し、both（両方とも）を使って答える可能性もあるが、「タクシーではなく電車のほうが安いのでは？」という質問に対して、「両方とも事務所にある」という答えでは成立しない。

スクリプト

Wouldn't it be cheaper to take the train, instead of a taxi?
- ○ (A) That's fine, if it doesn't take too long.

(B) Let's wait until later.
(C) I have both in my office.

(スクリプトの訳)
タクシーの代わりに電車で行く方が安いのではないですか。
○ (A) かまいませんよ。時間がかかり過ぎなければ。
(B) 後になるまで待ちましょう。
(C) 両方とも事務所にあります。

□ instead of　〜の代わりに　　　□ later　副 後で

12. 正解：(B)　英→カ　CD-61

Whoを使って「誰が」ホテルで、自分たちと会うのかを尋ねている。人を表す単語lawyers（弁護士）を使って答えている(B)が正解。(A)は「どこかへ行くのに一番速い移動手段は何か？」という質問に対する応答。(C)は「新しいホテルはどう？」といった質問に対する応答である。

(スクリプト)
Who is supposed to meet us at the hotel?
(A) The express train is the fastest way.
○ (B) One of their lawyers.
(C) It's better than the old hotel.

(スクリプトの訳)
誰がホテルで我々と会うことになっていますか。
(A) 急行列車が1番速いです。
○ (B) 彼らの弁護士の1人です。
(C) それは古いホテルより良いです。

□ be supposed to　〜することになっている
□ express train　急行列車　　　□ lawyer　名 弁護士

13. 正解：(A)　カ→米　CD-62

疑問文ではないケース。Excuse meを使って相手に呼びかけ、鍵を落としたと話しかけている。「気がつかなかった、ありがとう」と応答している

(A)が正解。(B)はguard（守衛）に自分の身分証明書を見せたと言っており、呼びかけられた内容とは関係がない。ちなみにshow + 人 + モノは重要表現なのでしっかり覚えておこう。(C)はkeysをtheyで受けてはいるが、応答としては不適当な内容。

スクリプト

Excuse me, but you dropped your keys back there.
○ (A) I hadn't even noticed. Thanks.
　(B) No, I showed the guard my ID.
　(C) No problem, here they are.

スクリプトの訳

すみません、あちらで鍵を落としましたよ。
○ (A) 気づいてさえいませんでした。ありがとう。
　(B) いいえ、守衛に身分証明書を見せました。
　(C) いいですよ、こちらがそうです。

□ drop 動 落とす　　　　　　　□ even 副 〜でさえ
□ guard 名 守衛；警備員
□ ID (= identification) 名 身分証明書

14. 正解：(B) ★★★　英 → 豪　CD-63

How manyを使って「数」を尋ねる内容で、レストランなどに入ったときに最初に聞かれる質問。ポイントは、このpartyが「（行動を共にする）一行；グループ」という意味だと知っているかどうかである。「数」を答えている選択肢は(B)と(C)だが、(C)は「年間のパーティーの回数」を答えており、How oftenと頻度を尋ねられた場合の応答である。よって正解は(B)。

スクリプト

How many in your party, sir?
　(A) Everyone is having a great time.
○ (B) There are six of us, including me.
　(C) We have four or five parties every year.

スクリプトの訳

何名様のグループですか。
(A) 皆さん、楽しんでいます。
◯ (B) 私を含めて6名です。
(C) 毎年4、5回パーティーをします。

□ party　名一行：グループ　　　□ include　動〜を含む

15. 正解：(B) ★★★ カ→米　　　CD-64

A or Bの形の質問であり、基本的にはAかBかを選べばよい。「荷物を今すぐ出すか？」それとも「普通郵便でいいのか？（→後で出してもいいのか）」を尋ねている。正答(B)の「急がない」という答えから、「普通郵便でよい」のだと推測できる。ちなみにThere'sはThere isの省略。(C)は、「荷物（package）」について聞かれているのに「私がすぐに出発しなければならない」と言っているので、質問に対する応答になっていない。

(スクリプト)

Does this package need to go out now, or can we send it with the regular mail?
(A) It shouldn't cost that much to send.
◯ (B) There's no hurry.
(C) I have to leave right now.

(スクリプトの訳)

この荷物はすぐに出す必要がありますか、それとも普通便でいいですか。
(A) 送付するのに、そんなに費用がかかるはずがありません。
◯ (B) まったく急ぎません。
(C) 私は今すぐ出発しなければなりません。

□ package　名荷物　　　　□ regular mail　普通郵便（物）
□ cost　名（費用が）かかる　□ hurry　名急ぐこと
□ right now　今すぐに

16. 正解：(A) ★ 豪→英　　　CD-65

疑問詞Whyを使って、「たくさんコピーをしている理由」を尋ねている。

「スタッフの人数分のコピーが必要」だと答えている(A)が正解。このoneはone copyを省略した言いかた。(B)のthemはcopiesを指してはいるが、理由を聞いている設問の応答としては適当ではない。(C)は似た音（copiesとcoffee）を使った引っかけ。

(スクリプト)
　　Why are you making so many copies?
○ (A) Each staff member needs to receive one.
　(B) I'll put them on your desk before I leave.
　(C) Most people prefer coffee instead of tea.

(スクリプトの訳)
　　なぜ、そんなに多くのコピーをしているのですか。
○ (A) スタッフ１人につき１部必要なのです。
　(B) 帰る前にあなたの机の上に置いておきます。
　(C) ほとんどの人は紅茶でなくコーヒーを好みます。

□ prefer　動〜を好む　　　　□ instead of　〜の代わりに

17. 正解：(C) ★★　米→カ　CD-66

How soonは「どのくらいすぐ（早く）」という「時」を尋ねる表現。「今日中に（終わります）」と答えている(C)が正解。「今日中に」と答えるときは、このby [before] the end of the dayという表現がよく使われるので、しっかり覚えよう。(B)は、似た意味の単語（soonとearly）を使った引っかけ。質問で問われている内容については、do you thinkをはずして考えるとわかりやすい。

(スクリプト)
　　How soon do you think you can get this done?
　(A) I haven't finished yet.
　(B) That's too early for me.
○ (C) By the end of the day.

(スクリプトの訳)
　　これを終わらせるのに、どのくらいかかりそうですか。

    (A) まだ終わっていません。
    (B) 私には早すぎます。
○ (C) 今日中に。

18. 正解：(A) ★★ 英 → 豪　CD-67

Do you know ...で始まり、when以降の「いつ彼女が戻ってくるか？」を知っているかと聞いている。「時」に関する応答をしているのは(C)だが、「彼女が出発する時に」では、質問に対する応答としては不適切。(B)の「彼女がそれを物置に戻す」は、質問とは関係のない応答。質問に対して適切な応答になっているのは「わかりません」と答えている(A)である。この I have no idea.はPART 2の頻出表現なので確実にマスターしておこう。

スクリプト
    Do you know when she will be coming back?
○ (A) I have no idea.
    (B) She will put it back in the storeroom.
    (C) When she leaves.

スクリプトの訳
    いつ彼女が戻ってくるのかご存知ですか。
○ (A) わかりません。
    (B) 彼女がそれを物置に戻すでしょう。
    (C) 彼女が出発する時に。

□ storeroom　名 貯蔵室；物置

19. 正解：(C) ★★ 豪 → カ　CD-68

「彼の説明があまりはっきりしていなかった」と言っているので、それに対する応答としては、(C)の「さっぱりわかりませんでした」が最適。「わかりません」という表現にはI don't understand.以外にもI'm confused.（わかりません）やIt's confusing.（それはややこしいですね）などがある。(A)はexplainとexplanationの引っかけ。To explain ...は「〜を説明するために」という意味で、Whyで「理由」や「目的」を聞かれた場合の応答に使うことが多い。(B)はexplanation（説明）とexamination（試験）の

音を引っかけたもの。

(スクリプト)
His explanation wasn't very clear, was it?
(A) To explain how to solve the problem.
(B) The examination will be difficult.
○ (C) I was totally confused.

(スクリプトの訳)
彼の説明は、あまりはっきりしていませんでしたね。
(A) その問題の解き方を説明するためです。
(B) そのテストは難しいでしょう。
○ (C) さっぱりわかりませんでした。

- explanation 名 説明
- explain 動 説明する
- how to solve 解き方；解決するための方法
- examination 名 試験
- totally 副 完全に；全体的に
- confused 形 混乱した

20. 正解：(A) 英 → 米　CD-69

疑問文ではないケース。「ドッジさんが待っていると言っていた」と伝言している状況。それに対して、「私たちの会議は後ほどの予定なのですが」と答えている(A)が正解。(B)のherはMs. Dodgeのことを指しているが、自分のオフィス（her office）で待っている人を、ここに通してくださいと言うのでは文意が通らない。(C)は何階かを尋ねられたときの応答。

(スクリプト)
Ms. Dodge said she's waiting for you in her office.
○ (A) But our meeting is scheduled for later.
(B) Fine, send her in.
(C) You'll find it on the eighth floor.

(スクリプトの訳)
ドッジさんは、オフィスであなたを待っていると言っていましたよ。
○ (A) 会議は後ほどの予定なのですが。

(B) 結構です。彼女を通してください。
(C) それは8階にあります。

□ send in　（人を部屋などに）招き入れる

PART 3（全15問）
Questions 21-23 ──────────────── CD-71
21. 正解：(B) ⭐
「女性は何を尋ねているか？」を聞き取らなくてはいけないので、女性のセリフに注意する。女性は、はじめのほうでHow would you like to pay?（支払いはどうしますか？）と言っていることから、「支払い方法」について尋ねているとわかる。他にもpayment（支払い）やinvoice（請求明細書）などの単語が出てくることから、支払いに関することだと十分に予測できる。
(A)のpriceに惑わされるかもしれないが、membershipに関する話は出ていない。

22. 正解：(C) ⭐⭐
「男性が何をすると決めるか？」を聞き取ろう。男性は2回目のセリフで、I'd like to do it in several installments—six months if possible.（何回かの分割払いで、できれば6カ月払いにしたい）と述べているので正解は(C)。正解ではsix monthsをa half-yearと言い換えている。in installments（分割払いで）はぜひ覚えておきたい表現。
上記のsix monthsは「分割払い」についてであり、6カ月後に戻ってくるとは言っていないため、(A)は誤答。

23. 正解：(A) ⭐⭐⭐
疑問詞whenを使って「男性が最初に明細書を受け取る日」を尋ねている。女性は最後のセリフで、We'll mail you an invoice in about a week to ten days.（約1週間〜10日後までに請求明細書を郵送する）と述べている。この会話に出てくるinvoice（請求明細書）を、設問ではstatement（明細書）と言い換えている。すなわち、(A)の「2週間以内」が正解。
(B)と(C)は、our six- and twelve-month plans are very popular.という

模擬試験＜正解と解説＞ **PART 2-3**

女性のセリフからの引っかけ。(D)は最初の支払日となるyour first payment will be due on May thirty-first.からの引っかけである。

(スクリプト)   M:米　W:英

Questions 21 through 23 refer to the following conversation.
M: Do you accept VISA?
W: Certainly, sir. (21)How would you like to pay? We have a variety of options available. In fact, our six- and twelve-month plans are very popular.
M: Yes, (22)I'd like to do it in several installments—six months if possible.
W: Sure, that'll be fine. So, your first payment will be due on May thirty-first. (23)We'll mail you an invoice in about a week to ten days.

(スクリプトの訳)
設問21～23は次の会話に関するものです。
M: ビザ・カードで支払えますか。
W: もちろんです。お支払いはいかがされますか。ご利用いただける方法がいろいろあります。ちなみに、6カ月や12カ月のプランがよく使われます。
M: ええ、何回かの分割払いにしたいです。できれば6カ月で。
W: もちろんできます。では、最初の支払いは5月31日になります。1週間から10日くらいで請求明細書を郵送いたします。

(設問・選択肢の訳)
21. 女性は何について尋ねていますか。
　　(A) 年会費
○ (B) 支払い方法
　　(C) 写真クラスへの登録
　　(D) 配達スケジュール

22. 男性は何をすると決めていますか。
　　(A) 6カ月後にまた来る

(B) 次のクラスに登録する
○ (C) 半年間の月払いにする
(D) 特売の開始まで待つ

23. 男性は最初の明細書をいつ受け取りますか。
○ (A) 2週間以内に
(B) 6カ月後に
(C) 12カ月後に
(D) 5月31日に

- □ a variety of　さまざまな
- □ available　形 利用できる
- □ payment　名 支払い
- □ invoice　名 請求（明細）書
- □ membership　名 会員（の身分）
- □ sign-up　名 署名による登録；加入
- □ sign up　（署名して）登録する；加わる
- □ statement　名 明細書
- □ option　名 選択（肢）
- □ in installments　分割払いで
- □ due　形 支払期日の来た
- □ yearly　形 年1回の；その年だけの
- □ method　名 方法
- □ delivery　名 配達

Questions 24-26 　　　　　　　　　　　　　　　CD-72
24. 正解：(B) ⭐⭐
疑問詞whyを使って「女性が驚いている理由」を尋ねている。女性は最初に驚いた様子で、Mark Jackson, is that you?（マーク・ジャクソン、あなたですか？）と言った後、I thought you were in Manila.（マニラにいると思っていました）と述べている。それを受けた男性が、my company transferred me back to Paris.（転勤でパリに戻ってきた）と言っていることから、「女性は、男性がこの会話が行われているパリでなくマニラ、つまり別の国にいると思っていた」ことがわかる。よって(B)が正解。
男性は「休暇から戻ってきた」わけではないので、(A)は誤答。「男性が起業した話」や「外見が変わった話」は出ていないので、(C)(D)も誤答。

25. 正解：(B) ⭐⭐
選択肢には「時」を表す短めの選択肢が並んでいるため、できるだけ設

問・選択肢には先に目を通し、「何の時を集中的に聞けばよいのか？」を素早く読み取ろう。設問ではHow longを使って「男性がパリにいた期間」を尋ねている。男性の1回目のセリフで、my company transferred me back to Paris. It's been about a month now.（転勤でパリに戻り、約1カ月になる）と言っている。よって、about a monthをApproximately one monthと言い換えた(B)が正解。
(D)のtwo yearsは、男性が「マニラにいた期間」であるため誤答となる。

26. 正解：(C) ⭐

これも短い選択肢が並んでいるため、先読みをして確実に得点につなげたい設問である。「女性が来月行く場所」に絞り込んで聞き取ろう。女性は2回目のセリフで、I'm going to go to our headquarters in Tokyo next month.（来月、東京の本社へ行く予定）と言っていることから正解は(C)。
(A)は、男性が2年間いた場所。(B)は、今2人が会話をしている場所。

スクリプト
W: カ　M: 豪

Questions 24 through 26 refer to the following conversation.

W: Mark Jackson, is that you? ²⁴I thought you were in Manila.
M: No, ²⁴my company transferred me back to Paris. ²⁵It's been about a month now. It is really nice to come back here after being gone for two years. So how have you been doing? Are you still working for that Japanese company?
W: Yes, and ²⁶I'm going to go to our headquarters in Tokyo next month. Actually, I was promoted to management.
M: Oh, congratulations! Your hard work has finally paid off.

スクリプトの訳
設問24〜26は次の会話に関するものです。

W: マーク・ジャクソン、あなたですか。マニラにいると思っていました。
M: いいえ、転勤でパリに戻って来ました。1カ月ほどになります。2年離れてここへ戻ってきましたが、とてもいいものですね。それで、あなたはどうしているのですか。あの日本の会社でまだ仕事をしているのですか。
W: はい。来月東京の本社へ行きます。実は管理職に昇格したんです。

M: それはおめでとう！　熱心な仕事ぶりが、ついに報われたのですね。

設問・選択肢の訳

24. なぜ女性は驚いているのですか。
    (A) 男性が休暇から早く戻ってきたから。
    ○ (B) 男性は別の国にいるはずだから。
    (C) 男性が自分の会社を設立しているから。
    (D) 男性の外見が変わっていたから。

25. 男性はどのくらいの期間パリにいますか。
    (A) 約3週間
    ○ (B) 約1カ月
    (C) 約6カ月
    (D) 約2年

26. 女性は来月どこに行きますか。
    (A) マニラへ
    (B) パリへ
    ○ (C) 東京へ
    (D) フィラデルフィアへ

- transfer　動 〜を転勤させる
- headquarters　名 本部
  ※最後に必ずsがつく。headquarterとは言わないので注意。
- be promoted to management　管理職に昇進する
- pay off　報われる
- appearance　名 外見
- approximately　副 およそ；約（= about）

Questions 27-29　　　　　　　　　　　　　　　CD-73
27. 正解：(D) ⭐⭐
「話者たちが主に話していること」を聞き取る問題。男性が女性に対して By the way, where can we store some merchandise?（ところで、どこに商品を保管すればいいですか？）と尋ねている。さらに、それに対する

女性の応答では「保管場所（storage space）について」の説明が繰り返されていることから、(D)が正解。
選択肢で使われているwhen to ...（いつ～するか？＝～する時）、where to ...（どこで～するか？＝～する場所）、はもちろん、how to ...（どのように～するか？＝～のしかた）も重要表現なので、ここで覚えておこう。

28. 正解：(C) ⭐⭐

「女性がCについて何と言っているか？」が問われている。As for C（Cに関しては）の後に、we use that as a meeting room.（Cは会議室として使っています）と答えているので(C)が正解。
(A)は、女性はまずA、B、Dの部屋に保管場所があると言い、そのなかから、I think B has enough room.とBを保管場所として薦めていることから誤答だとわかる。
ちなみに(D)で使われている単語roomは、a roomやroomsのように数えられる名詞として扱う場合は「部屋」の意味になるが、There is enough room.のような不加算名詞の扱いで使われる場合は「スペース；ゆとり」の意味になる。

29. 正解：(D) ⭐⭐

What will the man probably do next?で「男性は次におそらく何をするか？」と問う典型的なパターンの設問。この設問の時には「最後のセリフに注目する」という鉄則を覚えていただろうか。男性は最後にBefore bringing in our stuff, I'll go and say hello to Mr. Gardner, your business partner.（荷物を運び込む前に、あなたのビジネス・パートナー、ガードナーさんに、ごあいさつをしてきますね）と言っているので、正解は(D)。会話文のgo and say hello toの部分を選択肢ではgreet（～にあいさつする）で言い換えている。
(C)はBefore bringing in our stuff,とあり、「運び込む前に」あいさつをすると言っているので引っかからないように注意しよう。

スクリプト
M:米　W:カ

Questions 27 through 29 refer to the following conversation.
M: Hello, Jackie. We're finally moving into your office today.

Thank you for sharing this spacious office with us. ㉗By the way, where can we store some merchandise?

W: There is some storage space in rooms A, B and D. You can use whichever you like. I think B has enough room. ㉘As for C, we use that as a meeting room. In fact, it's always occupied with staff.

M: OK, we'll stay away from there. ㉙Before bringing in our stuff, I'll go and say hello to Mr. Gardner, your business partner.

(スクリプトの訳)

設問27〜29は次の会話に関するものです。

M: こんにちは、ジャッキー。ついに今日、あなたたちのオフィスに引っ越してきました。この広いオフィスを一緒に使わせていただいて、ありがとうございます。ところで、どこに商品を保管すればよいですか。

W: A、B、Dの部屋に保管場所があります。どこでもお好きなところを使ってください。Bに十分なスペースがあると思います。Cは会議室として使っています。実際に常にスタッフが使っています。

M: わかりました。そこは使わないようにします。荷物を運び込む前に、あなたのビジネス・パートナーであるガードナーさんに、ごあいさつをしてきますね。

(設問・選択肢の訳)

27. 話者たちは主に何について話していますか。
  (A) いつ臨時の従業員を雇うか
  (B) いつ商品を注文するか
  (C) どこで新しいメンバーに会うか
  ○ (D) どこに商品を保管するか

28. 女性は部屋Cについて何と言っていますか。
  (A) 男性はそれを使うべきである。
  (B) それはA、B、そしてDより小さい。
  ○ (C) それは会議で使用されている。
  (D) それには十分なスペースがある。

29. 男性はおそらく次に何をしますか。
 (A) 会議をする
 (B) 部屋を掃除する
 (C) 荷物を運び込む
 ◯ (D) 女性のパートナーにあいさつをする

□ move into 　〜に引っ越す　　　□ share 　動〜を分け合う；共有する
□ spacious 　形広々とした　　　　□ store 　動〜を保管する；貯蔵する
□ merchandise 　名商品　※不可算名詞なので複数形にならない
□ storage space 　保管場所；収納スペース
□ whichever 　代どちらの〜でも　　□ as for 　〜に関して
□ occupy 　動〜を占有する；使用する　□ stay away from 　〜から離れている
□ stuff 　名物　　　　　　　　　　□ temporary 　形一時の
□ help 　名従業員

Questions 30-32 　　　　　　　　　　　　　　　　　　　　CD-74
30. 正解：(D) ★★★
設問では「駐車場プロジェクトに何が起こったか？」を尋ねている。Who drew up this latest design for the parking garage?（駐車場の最新の設計図を作成したのは誰か？）と尋ねられた男性は「ジョセフがしました」と答えた後、Katrina Andrews did the previous one, but you remember she quit the job in the middle of the project,（カトリーナ・アンドリューズがやっていたがプロジェクトの途中で辞めてしまった）と言っていることに注目する。ここから、Katrina AndrewsをAn employee、quit the job in the middle of the projectをstopped working on a projectでそれぞれ言い換えた(D)が正解だとわかる。
(A)で使われているtake overは、「会社が引き継がれた＝買収された」という意味。会話の中では、Joseph took over from her（ジョセフが彼女から引き継いだ）という意味で使われている。このように単語や表現は、決まった訳を当てるのではなく、文脈にそって理解することが重要である。

31. 正解：(B) ★
疑問詞Whoを使った設問で、「設計図を完成させた人」が問われている。

女性が最初にWho drew up this latest design ...?と尋ねたことに対し、男性がJoseph Martin did.と答えていることから正解は(B)。さらに男性は、カトリーナがプロジェクトの途中で仕事を辞めたので、ジョセフが引き継いだ（so Joseph took over from her）と言っていることからも、ジョセフが最終的に設計図を完成した人物だと確認できる。

32. 正解：(A) ⭐⭐

設問では「女性がしたがっていること」が問われている。最後の女性のセリフから、女性はジョセフの尽力に大変満足しており、駐車場の契約締結後には「クリスタルタワーのプロジェクトに従事してもらおう（let's get him on the Crystal Tower project）」と言っている。つまり女性は、ジョセフに別のプロジェクト（Crystal Tower project）を担当させたいと考えているので(A)が正解。

ちなみに最後の1文にあるcould useは「～を必要としている；ぜひとも欲しい」という意味で使われる。例：I could use a cup of coffee.（コーヒーが欲しい）

（スクリプト）　　　　　　　　　　　　　　　W:英　M:豪

Questions 30 through 32 refer to the following conversation.

W: Who drew up this latest design for the parking garage? The previous design had so many problems, but this new one looks really great.

M: [30]Joseph Martin did. [30]Katrina Andrews did the previous one, but you remember she quit the job in the middle of the project, [31]so Joseph took over from her.

W: Oh yes, now I remember. Well, I'm extremely pleased with his efforts. After this parking deal is signed, [32]let's get him on the Crystal Tower project. He seems to have a talent for this. And I'm sure we could use someone with fresh new ideas.

（スクリプトの訳）

設問30～32は次の会話に関するものです。

W: この駐車場の最新の設計図を作成したのは誰ですか。以前のものはと

模擬試験＜正解と解説＞ PART 3

ても問題が多かったですが、この新しいものはすごくいいですね。
M: ジョセフ・マーティンがしました。カトリーナ・アンドリューズが前のものをしたのですが、プロジェクトの途中で辞めてしまったのは覚えていますよね。それで、ジョセフが仕事を引き継いだのです。
W: そうでしたね。彼の努力は素晴らしいですね。この駐車場の契約を取れたら、彼にはクリスタルタワーのプロジェクトに従事してもらいましょう。彼にはこの仕事の才能があるようです。私たちも、新しいアイディアを持つ人がいれば助かります。

(設問・選択肢の訳)
30. 駐車場のプロジェクトに何が起こりましたか。
   (A) 会社が買収された。
   (B) プロジェクトが中止された。
   (C) 新プロジェクトの設計図がなくなった。
   ● (D) ある従業員がプロジェクトに取り組むのを止めた。

31. 最新の設計図を仕上げたのは誰ですか。
   (A) カトリーナ
   ● (B) ジョセフ
   (C) （話し手の）男性
   (D) （話し手の）女性

32. 女性は何をしたいのですか。
   ● (A) ジョセフに別のプロジェクトに従事してもらう
   (B) ジョセフの仕事を引き継ぐ
   (C) カトリーナのスケジュールを変更する
   (D) 新入社員と一緒に働く

□ draw up　（文書など）を作成する
□ design　名 設計図；デザイン
□ take over　（職務などを）引き継ぐ　（会社を）乗っ取る；買収する
□ extremely　副 極度に；とても
□ be pleased with　～に喜ぶ；満足する
□ latest　形 最新の
□ previous　形 前の

- □ deal　**名** 商取引；契約
- □ sign　**動** 〜に署名する　**参考▶sign a deal**　契約を結ぶ
- □ talent　**名** 才能；適性
- □ could use　〜を必要としている；〜がぜひとも欲しい
- □ work on　〜に取り組む；従事する
- □ complete　**動** 〜を仕上げる；完成させる

Questions 33-35　　　　　　　　　　　　　　　　　　　　　　CD-75

33. 正解：(C) ★★★

設問は、「話し手たちは主に何について話しているか？」と話題を尋ねているので、特に最初のセリフに注意して聞こう。男性の最初のセリフで、**We're looking for suggestions that might make our new promotion a success.（新しいプロモーションを成功させる提案を求めている）**と言っていることから、(C)の「広告キャンペーン」についての話が展開されると推測できる。さらに、女性が「ラジオやテレビを通して商品を大々的に打ち出す（…push the product extensively, through radio and TV）」と言っていることからも(C)が正解だと確認できる。(B)は同じ単語（promotion）を使った引っかけで、会話文中では「販売促進」の意味だが、選択肢では「昇進」の意味で使用されている。

34. 正解：(A) ★★★

「会社が以前に（previously）何をしたか？」を尋ねている。**previouslyはbeforeと同義**であることを覚えておこう。新しいプロモーションの提案を求めているとの男性のセリフに対し、女性は**as you did before（以前にしたように）**という言葉と共に、「ラジオやテレビを通して商品を大々的に打ち出す（push the product extensively, through radio and TV）」と言っていることから、これを言い換えた(A)が正解だとわかる。
有名なスポークスパーソンを使う提案が出ているのは、今回のプロモーションについてであり、以前にしたことではないため、(C)は誤答。

35. 正解：(B) ★★

設問はWhat type of itemで始まっており、「この会社が販売しているであろう商品（の種類）」が問われている。女性は2回目のセリフで、キャンペ

ーンのスポークスマンについて、a well-known athlete, coach, or sportscaster（有名なアスリートかコーチ、スポーツキャスター）がよいと発言した後、さらにIt would match the product much better.（そのほうが商品に、より合っている）と述べている。ここから、この会社が扱う商品は「スポーツ関連」だと推測できるので、正解は(B)。
(C)は、radio and TVを使って宣伝をしたことから、electronics（電子機器）を連想しないように注意したい。

(スクリプト) M:米 W:カ

Questions 33 through 35 refer to the following conversation.

M: ㉝We're looking for suggestions that might make our new promotion a success.

W: Well, I think that not only should ㉞you push the product extensively, through radio and TV as you did before, but this time you should also have a high-profile spokesperson.

M: Yes, I like that idea. You mean perhaps someone in the movie or entertainment industry?

W: Yes, or better yet, ㉟a well-known athlete, coach, or sportscaster. It would match the product much better.

(スクリプトの訳)
設問33〜35は次の会話に関するものです。
M: 我々の新しいプロモーションを成功させる提案を求めています。
W: そうですね。以前したようにラジオやテレビを通して商品を大々的に打ち出すだけでなく、今回は人目を引くスポークスパーソンも使うべきです。
M: そのアイディアはよいですね。映画やエンターテインメント界の人などでしょうか。
W: そうですが、できたら有名なアスリートやコーチ、スポーツキャスターですね。商品に、より合うと思います。

(設問・選択肢の訳)
33. 話し手たちは主に何について話していますか。
　　 (A) 新しい映画のコマーシャル

(B) 従業員の新しい地位への昇進
○ (C) 商品の広告キャンペーン
(D) 応募者の面接

34. 会社は以前に何をしましたか。
○ (A) 多くのテレビやラジオのコマーシャルを利用した
(B) スポーツイベントで応募者を募集した
(C) 有名なスポークスパーソンを雇った
(D) 商品名を変更した

35. この会社はどんな種類の商品を売っていそうですか。
(A) 化粧品とヘアケア用品
○ (B) スポーツ用品
(C) 電子機器
(D) 旅行用品

☐ promotion 名プロモーション（販売促進）；昇進
☐ not only A but (also) B　AだけでなくBもまた
☐ extensively 副広範囲に；大規模に
☐ high-profile 形注目を集めている；人目を引く
☐ spokesperson 名代弁者；スポークスパーソン
☐ better yet　できたら；もっといいことには
☐ well-known 形有名な　　☐ match 動〜と調和する；似合う
☐ applicant 名応募者
☐ recruit 動〜を新しく入れる；募集する
☐ celebrity 名有名人　　☐ electronics 名電子機器

PART 4（全15問）

Questions 36-38 ──────────────── CD-77

36. 正解：(D) ⭐⭐

「電話がどこにつながったか？」と問う際には、reachが使われる。すなわち最初の設問でreachが使われていたら、それは自動応答メッセージの問題だと考えてよい。電話に対する自動応答メッセージは、この問題のよう

模擬試験＜正解と解説＞ **PART 3-4**

に、最初に注意しておけばどこへつながったのかがわかるようになっている。ここでは最初にThank you for calling Woods Drugs.と言っているので、「薬局」だとわかる。
(D)のpharmacyは必須単語。他の(A)〜(C)の単語を始め、いろいろな店舗・職種の言い方もP.115にまとめてあるので、ぜひ覚えておこう。

37. 正解：(B) ★★

時間を表す選択肢が並んでいるので、確実に先読みをして「何の時間が問われているのか？」に注意しながら放送文を聞こう。「月曜日はいつまで開いているか？」という質問で、営業時間についてはOur regular business hours are 8:00 A.M. to 10:00 P.M. on weekdaysと言っているところが解答の決め手になる。「午前8時〜午後10時まで平日は開いている」ので、設問の月曜日も午後10時までとなり、(B)が正解。
(A)の8時は土日の閉店時間なので引っかからないように注意しよう。weekday(s)は平日。週末あるいは土日はweekend(s)と表現する。平日と週末の営業時間の違いを問う設問は頻出なので慣れておこう。

38. 正解：(C) ★★★

まず設問からwebsiteに関する部分に注意して聞けばよいことがわかる。websiteに関する1文、If you need a refill for your prescription, please visit our website at woodsdrugs.com.を聞き取ることがポイントとなるが、a refill for your prescriptionの意味を瞬時に捉えることは少々難しいかもしれない。refillは動詞では「再び満たす」「補給する」という意味があり、名詞では「補給」「(食事などの)おかわり」という意味がある。つまり、ここではprescription（処方箋）のrefill（補給）が必要であれば、自分たちのサイトを訪れるようにと言っている。つまり処方箋の補給とは、「以前に買ったものと同じ薬を買うこと」であり、それが「追加の商品（薬）を注文するために」と書き換えてある選択肢(C)が正解。
特定の薬を買うためには医師から受け取った処方箋（どの薬がいくつ必要かが書いてある書類）が必要なことは常識として知っておこう。

> スクリプト　　　　　　　　　　　　　　　　　　　　　　　　カ

Questions 36 through 38 refer to the following message.

㊱Thank you for calling Woods Drugs. Our store is closed right now. If this is an emergency, please call 555-1212, and leave a message. One of our on-call pharmacists will contact you. ㊲Our regular business hours are 8:00 A.M. to 10:00 P.M. on weekdays and 10:00 A.M. to 8:00 P.M. on weekends. ㊳If you need a refill for your prescription, please visit our website at woodsdrugs.com. We offer free 24-hour delivery throughout the city. Thank you for calling. Woods Drugs appreciates your business.

(スクリプトの訳)

設問36〜38は次のメッセージに関するものです。

お電話ありがとうございます、ウッズ・ドラッグズです。当店はただ今閉店中です。お急ぎの方は555-1212番まで電話をかけてメッセージを残してください。待機中の薬剤師から連絡をさせていただきます。当店の通常の営業時間は平日午前8時から午後10時まで、土・日は午前10時から午後8時までです。お手元の処方箋にある薬が再度ご入り用でしたら、当店のウェブサイトwoodsdrugs.comまでお越しください。24時間無料で街中どこへでも配達いたします。お電話ありがとうございました。ウッズ・ドラッグズをご利用いただき、ありがとうございます。

(設問・選択肢の訳)

36. どんな業種につながりましたか。
　　(A) ピザ屋
　　(B) 花屋
　　(C) パン屋
◯ (D) 薬屋

37. 月曜は何時まで開いていますか。
　　(A) 午後8時
◯ (B) 午後10時
　　(C) 午後11時
　　(D) 午前12時

38. なぜこのメッセージは、ウェブサイトを訪れるように勧めていますか。
　(A) 店の場所を見つけるため
　(B) 値段を調べるため
○(C) 追加の品を注文するため
　(D) 緊急事態を報告するため

☐ emergency　图緊急（事態）
☐ leave a message　メッセージを残す
☐ on-call　形呼べばすぐに答える　　☐ pharmacist　图薬剤師；薬局
☐ business hours　営業時間　　　　☐ refill　图補給
☐ prescription　图処方箋　　　　　☐ delivery　图配達
☐ throughout　前〜のいたるところに；〜の間中
☐ appreciate　動感謝する　　　　　☐ additional　形追加の

Questions 39-41　　　　　　　　　　　　　　　　　　　CD-78
39. 正解：(C) ⭐⭐
まず「wellness program（健康プログラム）にようこそ」とあいさつをし、続けてI'm happy to be your instructorと言っていることから、(C) An exercise instructorに絞り込むこができるだろう。最後のほうで他にexercises、stretches to warm up our bodiesなどの語が出てくることからも(C)が正解だと確認できる。(D)の可能性も考えられるが、放送文中にdoctorであるという情報は特にないので誤答となる。

40. 正解：(A) ⭐
曜日を表す選択肢が並んでいる。設問・選択肢をきっちりと先読みし、「このプログラムが行われる（take place）のが何曜日なのか？」を前もって注意しながら聞くことで確実に得点すべき問題である。決め手となるのは、We'll be meeting here ... every Monday at 9:00 A.M., for the next six weeks.の部分である。すなわち「毎週月曜午前9時に」と言っているので、(A)が正解。

41. 正解：(D) ⭐⭐
What will the speaker probably do next?の設問では、放送文の最後に注

意して聞く。話し手が最後にlet's start with some stretches to warm up our bodies（まずはストレッチから始め、体をウォーミングアップしましょう）と言っていることから、(D)が正解。start with ...（～で始める）はぜひ覚えておこう。

(A)にはactivities、(B)にはhealthierといった、放送文の中で使われている単語が出ているので惑わされないように注意。(C)のheat upは「（部屋や食事などを）暖める」という場合に使われる表現なので、ここでは不適切となる。

スクリプト

米

Questions 39 through 41 refer to the following announcement.
I'd like to welcome everyone to the Monday morning wellness program. ㊴I'm happy to be your instructor, and delighted to see so many people here this morning. ㊵We'll be meeting here, in the company classroom, every Monday at 9:00 A.M., for the next six weeks. By the end of our classes, in a month and a half, I hope you'll notice a real difference in yourself. Our goal in that time is to increase your level of activity, and get you feeling healthier, stronger and more energized. Today we'll be doing some exercises designed to increase your heart rate and improve your overall muscle tone, but ㊶let's start with some stretches to warm up our bodies and prepare ourselves for our exercise.

スクリプトの訳

設問39〜41は次のアナウンスに関するものです。
月曜朝の健康プログラムにようこそ。私がインストラクターを務めさせていただきます。こんなにも大勢の方にお越しいただき光栄です。私たちは、ここ会社のクラスルームで、毎週月曜日の午前9時に今後6週間に渡り集まることになります。クラスの終わり、つまり1カ月半後には、きっとご自身の変化に気づかれることでしょう。目標は、その時には皆さんの活動レベルを高め、健康で強く、もっとエネルギッシュになったと感じていただくことです。今日は心拍数を高め、筋肉の調子を改善するための運動を行いますが、まずはストレッチから始め、体をウォーミングアップしましょう。

模擬試験＜正解と解説＞ PART 4

(設問・選択肢の訳)

39. 話をしているのは、おそらく誰ですか。
  (A) 人事部長
  (B) 販売員
 ⭕ (C) 運動インストラクター
  (D) 医者

40. このプログラムはいつ行われますか。
 ⭕ (A) 月曜日に
  (B) 火曜日に
  (C) 水曜日に
  (D) 木曜日に

41. 話し手は次におそらく何をするでしょうか。
  (A) いくつかのアクティビティーを変える
  (B) より健康な食事を作る
  (C) 教室を暖める
 ⭕ (D) 準備運動のストレッチを始める

☐ wellness　名 健康であること　※wellness business　健康産業
☐ goal　名 目標；目的　　　☐ activity　名 活動；アクティビティー
☐ energize　動 ～を活気づける
☐ (be) designed to　～するように作られている
☐ heart rate　心拍（数）　　☐ overall　形 全般的な；全体的な
☐ tone　名 調子　　　　　　☐ personnel　名 人事（部）

Questions 42-44　　　　　　　　　　　　　　　CD-79
42. 正解：(B) ⭐

Who is the speaker?の設問は、序盤に注意すれば正解を導き出せることが多い。Welcomeに続く、I'm delighted to have the opportunity to serve you tonight.（今晩、皆様に食事をお出しする機会をいただき嬉しく思います）に注目すれば、このような発言をするのは、(B)か(C)のどちらかだとわかる。さらに、Our chef recommends …と言っていることか

179

ら、本人がシェフではなくウェイトレスだとわかるので正解は(B)。serveには「(食事や飲み物)を出す；給仕する」という意味があるので、しっかり覚えておこう。

たとえ上記のポイントがわからなくても、放送文中に出てくるmenu、chef、meal、dishといったキーワードからレストラン関係者へ絞り込み、正解へたどり着くこともできる問題だ。

43. 正解：(A) ⭐⭐

料理については4文目のOur chef ...から述べられているが、解答のポイントとなるのは、もう1文あとのAll of our meals are prepared using only 100 percent pure extra-virgin olive oil ... making each dish not only healthyの部分であり、(A)が正解。

他の選択肢のキーワードもそれぞれ放送文の中に出てくるので迷うかもしれないが、選択肢を先読みして、すべてに出てくるallにあらかじめ注意しておけば、「すべての料理」について述べている部分にポイントを絞り込んで聞くことができる。

44. 正解：(C) ⭐⭐⭐

「話し手が求めているもの」を問う設問。最初からずっと聞き手への一方的な説明が続くが、「唯一聞き手に対して問いかけている」のが最後のmay I bring you one of our tasty appetizers?（当店のおいしい前菜を1つお持ちしましょうか？）の部分である。すなわち、この発言でお客に対して「前菜の注文を求めている」と推測できるので、正解は(C)。

A few momentsは、話し手のウェイトレスがお客に「与える（give）」と言っているもので、「求めている（ask for）」ものではないため、(B)は誤答。

スクリプト　　　　　　　　　　　　　　　　　　　　　　　　　英

Questions 42 through 44 refer to the following talk.

Welcome. ⁴²I'm delighted to have the opportunity to serve you tonight. While you take a look at our menu, I'd like to tell you about two of our specials this evening. Our chef recommends the vegetarian rice pilaf with organic vegetables, or the poached salmon with sautéed potatoes. ⁴³All of our meals are prepared using only 100 percent pure extra-virgin olive oil, flown in directly from Italy, ⁴³making each dish not only healthy, but also delicious and light. As you look over the wine list, I'll give you a few moments to make up your mind. In the meantime, ⁴⁴may I bring you one of our tasty appetizers?

(スクリプトの訳)
設問42～44は次の話に関するものです。
いらっしゃいませ。今晩皆様にお食事をお出しする機会をいただき嬉しく思います。皆様がメニューをご覧になっている間に、今晩の特別料理から2品をご説明いたします。当店シェフのお薦めは、ベジタリアン・ライスピラフの有機野菜添えか茹でサーモンのポテトソテー添えです。当店の料理はすべて、イタリアから直接空輸された100％純正のエクストラバージン・オリーブオイルのみを使用しており、体に良いだけでなく、美味しく、そして低カロリーなものとなっております。皆様がワインリストに目を通す間、少し時間を取りますので何にするかお決めください。ひとまずは、当店のおいしい前菜を1つ、いかがでしょうか。

(設問・選択肢の訳)
42. 話し手は誰ですか。
　　(A) スーパーのオーナー
○ (B) ウェイトレス
　　(C) シェフ
　　(D) レストランの批評家

43. 話し手は食べ物について何と言っていますか。
○ (A) すべて体に良い油を使っている。
　　(B) すべて有機栽培の材料を使っている。
　　(C) すべての料理が菜食主義者向けである。
　　(D) すべての料理がイタリア料理である。

44. 話し手は何を求めていますか。
　　(A) 夕食を一緒に食べる相手
　　(B) 少しの時間

○ (C) 前菜の注文
(D) 飲み物のメニュー

- be delighted to　喜んで〜する
- serve　動 (人) に食事を出す
- vegetarian　名 菜食主義者
- organic　形 有機栽培の
- sautéed　形 ソテーした
- prepare　動 〜を用意する
- fly　動 (人、商品) を飛行機で運ぶ　※活用はfly - flew - flown
- light　形 (食物が) 胃にもたれない；低カロリーの
- look over　〜に目を通す
- make up one's mind　決心する
- in the meantime　その間に；その一方で
- tasty　形 美味しい
- critic　名 批評家
- ask for　〜を求める
- companion　名 仲間；付添い
- opportunity　名 機会；好機
- recommend　動 〜を薦める
- pilaf　名 ピラフ
- poached　形 ポシェした；茹でた
- meal　名 食事
- moment　名 短時間；瞬間
- appetizer　名 前菜
- ingredient　名 (料理などの) 材料
- dining　名 食事
- order　名 注文

Questions 45-47　　　　　　　　　　　　　　CD-80
45. 正解：(D) ⭐⭐

What does 人 do?の形で、「(人の) 職業は何ですか？」と問われている。設問だけを見ても、何が問われているのかピンと来ない人もいるかもしれないが、選択肢を見比べれば「職業」が問われているとわかるはずである。話し手は3文目で、It's now my pleasure to introduce our keynote speaker, noted health and fitness expert, Dr. Maureen Auburn.とオーバーン博士に関する情報を述べている。すなわち、「著名な健康およびフィットネス専門家」だと述べているので(D)が正解。

Life Today magazineにwriter (作家) として寄稿しているがeditor (編集者) だとは述べられていない。さらに、*At the Table*という著書についても紹介されているが、特にジャーナリストだとは言及されていないので、(A)(B)は共に誤答である。

46. 正解：(A) ⭐⭐

「オーバーン博士の話題は何か？」が問われている。中ほどでDr. Auburn, who you probably know ...とオーバーン博士についての話が始まり、彼女はAt the Tableを執筆し、この本は「忙しい人向けの常識的食生活と栄養のガイド（a common-sense diet and nutrition guide for busy people）」だと述べた後、She's here today to talk about just that ...と「今日はこれについて話す」と言っていることから、(A)が正解。
(C)は放送文に出てくる単語busyを用いた引っかけであることに注意。

47. 正解：(B) ⭐⭐

「オーバーン博士が話をした後（following her talk）に何をするか？」が問われている。最後のほうに出てくるI'll finish by reminding you that Dr. Auburn will be autographing copies of her book, in the lobby, after her speech.の部分で、「スピーチの後に本にサインをする」と述べているので、(B)が正解。放送文ではautograph（サインをする）を使っているが、正解の選択肢ではこれをsignで言い換えているのがポイント。またcopyは、本や雑誌、書類などの「部」や「冊」の意味でよく使われるので覚えておこう。

スクリプト 豪

Questions 45 through 47 refer to the following introduction.
Good afternoon, ladies and gentlemen. It's nice to see such a large crowd here today. ㊺It's now my pleasure to introduce our keynote speaker, noted health and fitness expert, Dr. Maureen Auburn. Dr. Auburn, who you probably know best as a regular contributing writer to *Life Today* magazine, has just written a new bestseller, *At the Table*, ㊻a common-sense diet and nutrition guide for busy people. She's here today to talk about just that, and discuss the recent debate regarding calories, protein, carbohydrate, and fat. I see a lot of eager faces, so ㊼I'll finish by reminding you that Dr. Auburn will be autographing copies of her book, in the lobby, after her speech. I ask you now to all welcome Dr. Maureen Auburn.

スクリプトの訳
設問45～47は次の紹介に関するものです。

皆さん、こんにちは。本日はこのように多くの方にお集りいただき、ありがとうございます。さて、基調講演をしていただく、著名な健康とフィットネスの専門家モーリーン・オーバーン博士をご紹介させていただきます。オーバーン博士は、雑誌 *Life Today* に連載を持つ作家としておなじみだと思いますが、忙しい人向けの常識的な食生活と栄養のガイドである新たなベストセラー、*At the Table* を執筆されました。本日は、この本やカロリー、たんぱく質、炭水化物、脂質に関する最近の問題点についてお話しいただきます。皆さん、早く聞きたいというご様子ですので、これだけお伝えして終わります。オーバーン博士が講演後ロビーで本にサインをしてくださいます。それでは、モーリーン・オーバーン博士をお迎えください。

設問・選択肢の訳
45. オーバーン博士の職業は何ですか。
   (A) 彼女はジャーナリストである。
   (B) 彼女は雑誌の編集者である。
   (C) 彼女はレストランのオーナーである。
 ○ (D) 彼女は健康とフィットネスの専門家である。

46. オーバーン博士の話題は何ですか。
 ○ (A) 栄養と食生活のアドバイス
   (B) 老化と運動
   (C) 多忙なマネージャーのためのヒント
   (D) 予算内での買い物

47. オーバーン博士は、話に続いて何をしますか。
   (A) 簡単な手順を実際にやってみせる
 ○ (B) 本にサインする
   (C) レセプションに出席する
   (D) 質問に答える

☐ **crowd** 名 観衆；群衆

- □ keynote speaker　基調演説［講演］者
- □ noted　形 著名な；有名な　　□ expert　名 専門家
- □ contributing writer　寄稿ライター
- □ common-sense　形 常識的な；良識のある
- □ diet　名 日常の飲食物；食事　　□ nutrition　名 栄養
- □ debate　名 議論；論争　　□ regarding　前 〜に関して
- □ protein　名 たんぱく質　　□ carbohydrate　名 炭水化物
- □ fat　名 脂肪　　□ eager　形 熱心な
- □ remind　動 （人）に（物事を）気づかせる；思い起こさせる
- □ autograph　動 （本、写真など）にサインする
- □ copy　名 （本、雑誌などの）部；冊　　□ editor　名 編集者
- □ aging　名 老化　　□ on a budget　限られた予算内で
- □ following　前 〜に引き続いて；〜のあとで（= after）
- □ demonstrate　動 〜を実演する　　□ attend　動 〜に出席する
- □ reception　名 宴会；レセプション

Questions 48-50　　　　　　　　　　　　　　　　　　　CD-81

48. 正解：(C) ★

求人のアナウンスで、最初に社名と業種が述べられている。冒頭のTransBus, the world's largest aircraft manufacturer, …の部分から、(C)が正解。このaircraft manufacturerを選択肢ではAn airplane makerで言い換えている。ここを聞き逃すとa recognized diploma in aircraft maintenanceやaviation fundamentalsの部分から推測できるが、決め手とはならないので、最初を聞き逃さないように注意しよう。

TransBusという社名につられて車を連想し、(A)や(B)に引っかからないように注意したい。

49. 正解：(A) ★★★

「この職（position）に応募するのに必要な条件」が問われている。Applicants must have … the ability to perform duties and responsibilities independently.の部分から、「任務や責任を独立して遂行する能力」が必要だとわかる。abilityをskillで、independentlyをaloneでそれぞれ言い換えた(A)が正解。

必要な経験は最低8年なので(C)は誤答。(D)については、放送文中ではexperienceが何の経験なのかを直接は述べていないが、求人は「mechanic（整備士）」の職なので、当然ながら整備士経験を指すため、誤答である。なお、求人の際に「望ましい」という条件をつける場合は、... is favorable（～が望ましい）がよく使われるので覚えておこう。

50. 正解：(B) ★★

「採用された応募者が働くことになるかもしれない場所」が問われている。最後から2文目で、Applicants must be willing to relocate to South America.と述べていることから、南アメリカの国で働く可能性があるとわかる。選択肢の中で南アメリカにある国は(B)のブラジルのみ。

直接国名が述べられていないので、(A)のSaudi Arabiaを音につられてSouth Americaと間違えないように注意したい。

なお、求人に関する問題はPART 7の長文読解にもよく出題される。この問題に出てきた語彙は、どれも求人では頻出のものばかりなので、きちんと覚えておこう。

スクリプト 米

Questions 48 through 50 refer to the following announcement.
[48]TransBus, the world's largest aircraft manufacturer, is now accepting applications for the position of mechanic. Candidates will have a recognized diploma in aircraft maintenance and hold a basic license or its equivalent. This position requires a minimum of 8 years experience. [49]Applicants must have an excellent knowledge of aviation fundamentals and the ability to perform duties and responsibilities independently. [50]Applicants must be willing to relocate to South America. Salary and benefits will correspond to the successful applicant's background, and will be discussed at the time of interview.

スクリプトの訳

設問48～50は次のアナウンスに関するものです。
世界最大の航空機製造会社トランスバスは現在、整備士への応募を受け付

けております。志願者は航空機整備の公認免許を取得し、基本ライセンスまたは同等の資格を持っている必要があります。また最低8年の経験も必要で、航空学原理に関する優れた知識と、職務を1人で遂行する能力がなければなりません。また南アメリカへ移住する意思がある方でなければなりません。給与と諸手当は、採用となる応募者の経歴に応じ、面接時に話し合います。

設問・選択肢の訳

48. この会社はどんな業種ですか。
　　(A) 車の修理店
　　(B) トラック製造会社
○ (C) 飛行機製造業者
　　(D) 化学薬品会社

49. この職に必要なのは何ですか。
○ (A) 1人で仕事をする力
　　(B) 運転免許
　　(C) 10年の経験
　　(D) 営業経験

50. 採用となる応募者はどこで働く可能性がありますか。
　　(A) サウジアラビアで
○ (B) ブラジルで
　　(C) 英国で
　　(D) カナダで

- □ aircraft　　名 航空機
- □ manufacturer　　名 製造業者；製造会社
- □ accept　　動 〜を受け入れる　　□ application　　名 申し込み；応募
- □ position　　名 職；勤め口；地位　　□ mechanic　　名 整備士；機械工
- □ candidate　　名 候補者　　□ recognized　　形 社会に認められた
- □ diploma　　名 資格免許状；修了証書　　□ equivalent　　名 同等のもの
- □ require　　動 〜を必要とする　　□ minimum　　名 最低限

- ☐ applicant　名応募者
- ☐ fundamentals　名基本；基礎
- ☐ perform　動（義務など）を果たす；成し遂げる
- ☐ duties　名職務；任務
- ☐ be willing to　快く〜する
- ☐ benefits　名給付金
- ☐ correspond to　〜に相当する；対応する
- ☐ chemical　形化学薬品の
- ☐ successful applicant　合格者；採用された応募者
- ☐ aviation　名航空（学）；航空機産業
- ☐ ability　名能力
- ☐ independently　副独立して
- ☐ relocate　動移転する；移住する

模擬試験 解答用紙

PART 1

	ANSWER			
	A	B	C	D
1	Ⓐ	Ⓑ	Ⓒ	Ⓓ
2	Ⓐ	Ⓑ	Ⓒ	Ⓓ
3	Ⓐ	Ⓑ	Ⓒ	Ⓓ
4	Ⓐ	Ⓑ	Ⓒ	Ⓓ
5	Ⓐ	Ⓑ	Ⓒ	Ⓓ

PART 2

	ANSWER		
	A	B	C
6	Ⓐ	Ⓑ	Ⓒ
7	Ⓐ	Ⓑ	Ⓒ
8	Ⓐ	Ⓑ	Ⓒ
9	Ⓐ	Ⓑ	Ⓒ
10	Ⓐ	Ⓑ	Ⓒ
11	Ⓐ	Ⓑ	Ⓒ
12	Ⓐ	Ⓑ	Ⓒ
13	Ⓐ	Ⓑ	Ⓒ
14	Ⓐ	Ⓑ	Ⓒ
15	Ⓐ	Ⓑ	Ⓒ
16	Ⓐ	Ⓑ	Ⓒ
17	Ⓐ	Ⓑ	Ⓒ
18	Ⓐ	Ⓑ	Ⓒ
19	Ⓐ	Ⓑ	Ⓒ
20	Ⓐ	Ⓑ	Ⓒ

PART 3

	ANSWER			
	A	B	C	D
21	Ⓐ	Ⓑ	Ⓒ	Ⓓ
22	Ⓐ	Ⓑ	Ⓒ	Ⓓ
23	Ⓐ	Ⓑ	Ⓒ	Ⓓ
24	Ⓐ	Ⓑ	Ⓒ	Ⓓ
25	Ⓐ	Ⓑ	Ⓒ	Ⓓ
26	Ⓐ	Ⓑ	Ⓒ	Ⓓ
27	Ⓐ	Ⓑ	Ⓒ	Ⓓ
28	Ⓐ	Ⓑ	Ⓒ	Ⓓ
29	Ⓐ	Ⓑ	Ⓒ	Ⓓ
30	Ⓐ	Ⓑ	Ⓒ	Ⓓ
31	Ⓐ	Ⓑ	Ⓒ	Ⓓ
32	Ⓐ	Ⓑ	Ⓒ	Ⓓ
33	Ⓐ	Ⓑ	Ⓒ	Ⓓ
34	Ⓐ	Ⓑ	Ⓒ	Ⓓ
35	Ⓐ	Ⓑ	Ⓒ	Ⓓ
36	Ⓐ	Ⓑ	Ⓒ	Ⓓ
37	Ⓐ	Ⓑ	Ⓒ	Ⓓ
38	Ⓐ	Ⓑ	Ⓒ	Ⓓ
39	Ⓐ	Ⓑ	Ⓒ	Ⓓ
40	Ⓐ	Ⓑ	Ⓒ	Ⓓ

PART 4

	ANSWER			
	A	B	C	D
41	Ⓐ	Ⓑ	Ⓒ	Ⓓ
42	Ⓐ	Ⓑ	Ⓒ	Ⓓ
43	Ⓐ	Ⓑ	Ⓒ	Ⓓ
44	Ⓐ	Ⓑ	Ⓒ	Ⓓ
45	Ⓐ	Ⓑ	Ⓒ	Ⓓ
46	Ⓐ	Ⓑ	Ⓒ	Ⓓ
47	Ⓐ	Ⓑ	Ⓒ	Ⓓ
48	Ⓐ	Ⓑ	Ⓒ	Ⓓ
49	Ⓐ	Ⓑ	Ⓒ	Ⓓ
50	Ⓐ	Ⓑ	Ⓒ	Ⓓ

●著者紹介

妻鳥千鶴子　Chizuko Tsumatori

バーミンガム大学大学院翻訳学修士課程修了（MA）。英検1級対策をメインとするアルカディア・コミュニケーションズ主宰。近畿大学講師。ケンブリッジ英検CPE、英検1級、TOEIC990点、通訳案内業国家資格（大阪府1236号）など。主な著書は『ゼロからスタート　英会話』、『ゼロからスタート　英単語　Basic 1400』（以上、Jリサーチ出版）、『新TOEIC®TESTプレ受験600問』（語研）、『英語プレゼンテーション　すぐに使える技術と表現』（ベレ出版）など。皆が楽しみつつ汗をかきトレーニング、あっという間に終わるが英語が身に付いている！―そんな授業のために日夜精進中。

松井こずえ　Kozue Matsui

学習院大学卒業。英検1級、TOEIC990点。大手電子通信機器メーカーを経て、現在アルカディア・コミュニケーションズ専任講師として企業や大学のTOEIC、TOEFL、英検講座などで活躍。著書に『TOEFL®TEST英単語スピードマスター』、『ネイティブにきちんと伝わるビジネス英語　会話編』（以上、Jリサーチ出版）、『TOEIC®テスト　ワードマスターアプローチ』（成美堂）、『新TOEIC®TESTプレ受験600問』（語研）などがある。

Philip Griffin　フィリップ・グリフィン

イリノイ州シカゴ出身。外科の助手を10年経験したり、ナショナル・パブリック・ラジオのアナウンサーをしたりしながら、パーデュ（Purdue）大学で文学士号（英語）と理学士号（言語科学）習得後、大学院にて言語病理学修士課程修了（MS）。大学院時代はスピーチテストの試験官なども務めた。日本に来てからは、高校・大学、英会話学校などで教え、現在ECC外語学院の講師として活躍、教材製作にも携わっている。

カバーデザイン	滝デザイン事務所
本文デザイン＋DTP	アレピエ1
CD編集	（財）英語教育協議会（ELEC）
CD制作	高速録音株式会社

TOEIC® TEST リスニング ベーシックマスター

平成20年（2008年）11月10日　初版第1刷発行

著　者	妻鳥千鶴子／松井こずえ／Philip Griffin
発行人	福田　富与
発行所	有限会社　Jリサーチ出版 〒166-0002　東京都杉並区高円寺北2-29-14-705 電話 03(6808)8801（代）FAX 03(5364)5310 編集部 03(6808)8806 http://www.jresearch.co.jp
印刷所	株式会社シナノ

ISBN978-4-901429-78-8　　禁無断転載。なお、乱丁・落丁はお取り替えいたします。
© Chizuko Tsumatori, Kozue Matsui, Philip Griffin 2008 All rights reserved.

ハイスコアをとるために **Jリサーチ出版の 新TOEIC® TEST関連書**

TOEIC is a registered trademark of Educational Testing Service（ETS）. This publication is not endorsed or approved by ETS

ステップ1 試験を知り、戦略を立てる

ワンポイントアドバイス
テスト形式を知り学習計画を立てよう

はじめて受ける人のための全パート・ストラテジー
新TOEIC® TEST 総合スピードマスター入門編 （CD付）
新テスト7つのパートの全貌をピンポイント解説でわかりやすく伝授。模擬試験1回分つき。正解・解説は別冊。
成重 寿／ビッキー・グラス／柴山かつの 共著
定価 1470円（税込）　New Version対応

はじめて受ける人のためのとっておき学習ガイド
新TOEIC® TEST 学習スタートブック ゼッタイ基礎攻略編 （CD付）
TOEICテスト対策の「3ヶ月学習プラン」と「スコアアップできるゼッタイ攻略公式」がひと目でわかる。模擬試験1回分付。
柴山かつの 著
定価 840円（税込）

ステップ2 頻出単語をマスターしよう

ワンポイントアドバイス
オフィス英語の攻略が決め手

7つの戦略で効率的に完全攻略　頻出3000語
TOEIC® TEST 英単語スピードマスター （CD2枚付）
TOEIC全分野の頻出語彙3000語をTOEICスタイルの例文でマスターできる。
CD2枚でリスニングにも対応。
成重 寿著　定価 1470円（税込）

頻出語だけをピンポイントチェック！
TOEIC® TEST 英単語・イディオム直前350
試験前に絶対覚えておきたい頻出重要単語・イディオム350を7日間の学習プログラムでマスターできる。
安河内 哲也 著　定価 1050円（税込）

ステップ3 分野別に攻略しよう　リスニング・英文法・リーディング

ワンポイントアドバイス
自分の苦手な分野を知りじっくり取り組もう

1日2解法ピンポイント集中攻略で900点をめざす
新TOEIC® TEST リスニングスピードマスター （CD付）
リスニングパート別出題スタイル対策を20の解法でマスター。10日間学習プログラムで構成。一般リスニング学習書としても最適。
成重 寿著　定価 1575円（税込）　New Version対応

1問30秒　驚異のスピード解法で900点をめざす
新TOEIC® TEST 英文法スピードマスター　New Version対応
頻出パターンを短時間で解く訓練が高得点につながる。著者のツボをおさえた解説が魅力。
安河内 哲也 著　定価 1470円（税込）

48問48分　Part Ⅶ 全問解答で900点をめざす
新TOEIC® TEST リーディングスピードマスター　New Version対応
試験必出5つの問題スタイル解法を知ることで全問解答できる。訳読式から情報サーチ型の解法を身につける。
成重 寿著　定価 1470円（税込）

ステップ4 出題パターンに慣れる――問題を多く解こう

ワンポイントアドバイス
解答時間にこだわろう

Part 1～4 スピードマスター900点をめざす
新TOEIC® TEST リスニング 問題集 （CD2枚付）
リスニングセクションPart1～4の実戦対策問題集。完全摸試3回分を実践できる。詳しい解説で解答プロセスがはっきりわかる。
ビッキー・グラス 著　定価 1680円（税込）

ひと目でわかる頻出パターン　730点をめざす！
新TOEIC® TEST 英文法問題集集中攻略　New Version対応
試験に出る頻出問題のみを精選。「直前ポイント集」は試験で特に狙われやすい文法項目を掲載。7日間の学習プログラムで構成。
安河内 哲也 著　定価 1260円（税込）

Part 5&6 スピードマスター900点をめざす
新TOEIC® TEST 英文法・語法問題集　New Version対応
TOEICテストパート5と6を7回分の問題集で完全攻略。解答・解説は別冊。重要単語1000語と頻出項目のまとめつき。
安河内 哲也・魚水 憲 共著　定価 1470円（税込）

Part 7 スピードマスター900点をめざす
新TOEIC® TEST リーディング問題集　New Version対応
Part7の様々なタイプの文章をマスターするための1冊。4回分の模擬テストと解法プロセスが見える詳しい解説を掲載。
成重 寿著　定価 1470円（税込）

本番のリアルな雰囲気で3回挑戦できる！　New Version対応
新TOEIC® TEST スピードマスター完全模試 （CD3枚付）
模擬試験3回分と詳しい解説つき。本試験と同じ問題文のレイアウト。模擬試験1回分にCD1枚対応だからCDをかければそのままテスト時間がスタート。
ビッキー・グラス 著　A4判／定価 1890円（税込）

7日間完全マスター
新TOEIC® TEST 直前対策模試 （CD付）　New Version対応
短期間で確実に100点以上アップをめざす。7日間完全学習プログラムに厳選された頻出問題ばかりを例文と模擬試験に収録。「直前対策ポイント40」は受験生必読。1回分の完全模擬試験付。
柴山かつの 著　B5判／定価 840円（税込）

Jリサーチ出版　〒166-0002　東京都杉並区高円寺北2-29-14-705　TEL. 03-6808-8801　FAX. 03-5364-5310　**全国書店にて好評発売中**